中外巨人传

王 勃

李帅磊 著

辽海出版社

图书在版编目（CIP）数据

王勃 / 李帅磊 著. —沈阳：辽海出版社，2014.8
ISBN 978-7-5451-3027-0

Ⅰ．①王… Ⅱ．①李… Ⅲ．①王勃（650～677）—传记
Ⅳ．①K825.6

中国版本图书馆 CIP 数据核字（2014）第 167227 号

责任编辑：柳海松
责任校对：顾 季
装帧设计：马寄萍

出 版 者：辽海出版社
　　　地　　址：沈阳市和平区十一纬路 25 号
　　　邮　　编：110003
　　　电　　话：024-23284473
　　　E-mail:dyh550912@163.com
印 刷 者：天津海德伟业印务有限公司
发 行 者：辽海出版社

幅面尺寸：165mm×230mm
印　张：10.5
字　数：105 千字

出版时间：2016 年 5 月第 1 版
印刷时间：2019 年 1 月第 2 次印刷
定　价：25.00 元

·目　录·

001　前　言

001　第一章　王勃的生卒年、家世、交游
　　　及思想
001　一、王勃的生卒年
003　二、王勃的家世
008　三、王勃的交游
016　四、王勃的思想

021　第二章　王勃的诗歌
021　一、王勃诗文的创作理论
024　二、王勃诗歌的主要内容

055 三、王勃诗歌的艺术特色

062 第三章　王勃的散文

062 一、王勃的辞赋

074 二、王勃的应用文

093 三、王勃的序文

122 第四章　王勃与其他三杰的比较

123 一、诗歌内容及其艺术风格

130 二、散文内容及其艺术风格

150 第五章　王勃在文学史上的地位

150 一、诗歌的地位

157 二、骈文的地位

前　言

　　王勃，字子安，绛州龙门（今山西河津）人，生于公元650年，约卒于676年。他是初唐时期的著名诗人、文学家，主要生活在唐高宗李治时期。

　　王勃虽然生年不永，但却创作了大量的诗文，其中诗歌八十八首，散文九十五篇（不计佚文）。他的诗歌题材丰富，涉及怀人送别、游赏纪行、羁旅思乡、闺妇思夫，以及叙述家世、关心政治、抒写抱负等各个方面，语言清新精练，体裁多种多样，意象壮阔鲜明，感情自然真挚。王勃的散文绝大多数是骈文，包括书、启、颂、碑文、墓志、序文等多种体裁，对仗工整，语言清丽，文采斐然，感慨遥深，写景、抒情和说理结合得很是巧妙。不论诗歌还是散文，其中都蕴含着一种不平之鸣，一种昂扬奋进的精神和一种慷慨悲凉的力量，具有极高的艺术价值。

　　王勃与杨炯、卢照邻、骆宾王合称"初唐四杰"，他们官小而才大，名高而位卑，诗文中有着强烈的个人意识，高唱多才多情的自我，为自己的不平遭遇、壮志未酬而愤愤不平，为自己的漂泊不定、羁旅思乡而痛苦不已，郁积着一种慷慨悲凉的气概和不甘屈居人下的雄杰之气。"四杰"处在文学由六朝、隋过渡到中盛唐时期的关键环节，一起为改革六朝余气、开启盛唐风貌作出了巨大的贡献，在唐代乃至整个中国古代文学史上都具有极其重要的地位和影响。

第一章　王勃的生卒年、家世、交游及思想

一、王勃的生卒年

　　王勃，字子安，绛州龙门（今山西河津）人。他是初唐时期的著名诗人，主要生活在唐高宗李治时期。

　　关于王勃的生年，历来众说纷纭，不一而足。郑振铎先生《插图本中国文学史（上）》和谭丕模《中国文学史纲》主张王勃生于公元647年；著名学者闻一多在《唐诗大系》中认为王勃生于公元649年，即唐太宗贞观二十三年，卒于公元676年，享年二十八岁。此后，中国社会科学院文学研究所《中国文学史》、游国恩主编的《中国文学史》等也都承袭了闻一多先生的观点。这些不同的说法，基本上是有依据的，如主张649年的人，其依据是"初唐四杰"之一的诗人杨炯为王勃的文集写的《王子安集序》，序中说："春秋二十八，皇唐上元三年秋八月……"上元是唐高宗的年号，上元三年是公元676年，据此得出王勃出生于649年，也就是唐太宗贞观二十三年。其实，王勃的生年是完全可以考证的，他在《春思赋并序》中说："咸亨二年，余春秋二十有二。"咸亨

（670年—674年）也是高宗的年号，咸亨二年是公元671年，据此推断，王勃出生于公元650年，即高宗永徽元年。这是王勃本人自述，比他人所言真实可信。所以，王勃的生年是650年。

关于王勃的卒年，一直是学界争论不休的问题，但因资料杂乱，所以说法不一。杨炯《王子安集序》云："命不与我，有涯先谢，春秋二十八，皇唐上元三年秋八月……"《旧唐书·文苑传·王勃传》载："上元二年，勃往交趾省父，道出江中，为《采莲赋》以见意，其辞甚美。渡南海，堕水而卒，时年二十八。"《新唐书·文艺传·王勃传》载："父福畤，由雍州司功参军坐勃故左迁交趾令。勃往省，度海溺水，痵而卒，年二十九。"这些记录都与王勃的事迹有所出入，相互矛盾，难以推断真假。其实，杨炯记录的王勃的卒年较为可信，因为两人同年出生，同是唐初著名的诗人，同时还是好友，曾一同进京赴选，应是相互了解的。杨炯还搜集编次了王勃的诗文，可见他不仅对王勃本人十分了解，对其诗文也是非常熟悉的。他们是事业上的志同道合者，又同为扭转唐初绮靡浮华的诗风而共同战斗，因此，相对来说，杨炯记录的王勃卒年的资料是较为可信的。刘汝霖先生的《王子安年谱》认为杨炯的记载有误，他认为王勃卒于公元676年，享年27岁。此后，陆侃如、冯沅君的《中国诗史》，岑仲勉的《王勃疑年》，张志烈的《王勃杂考》等均持此说。

关于王勃的死因，《旧唐书》说他是在上元二年去交趾（今越南北部）探望父亲时乘船经过南海时溺水而死的，《新唐书》中也持此说，"父福畤，由雍州司功参军坐勃故左迁交趾令。勃往省，度海溺水，痵而卒"。《唐诗纪事》"王勃"条也说他是溺水而亡。然而，杨炯却没有说他是坠河而死的，不仅如此，他还认为王勃到达了交趾，"弃官沉迹，就养于交趾焉"。所以，王勃的死因究竟是什么就不得而知了。不过，今人多数遵从史书上记载的信息，普遍认为他是溺水而死的，这在学界几乎成了一个定论。

据以上推断可以得出，较为可信的观点是王勃生于公元650年，卒于676年，共活了27岁（虚岁）。

二、王勃的家世

据《旧唐书》《唐诗纪事》与《新唐书》等史料记载，王勃生长于一个有着高度文化修养的书香门第之家，用王绩的话说就是"地实儒素，人多高烈"（《游壮山赋》），这在很大程度上影响了王勃的天性与文学素养。

王勃的祖父是隋代末年的大儒王通（580年—617年），字仲淹，号文中子，是隋代著名的学者、教育家，只可惜《隋书》《旧唐书》及《新唐书》等书没有为他立传。他的大致经历在唐代初年杜淹所著的《文中子世家》可以了解到一些信息。他曾向当时的著名学者东海李育、会稽夏碘、河东关子明以及族父王仲华等人求学，学习《诗》《书》《礼》《易》《春秋》等儒家的经典。他在二十岁时游学长安，向隋文帝上书《太平十二策》，从这篇文章中可以看出，他的思想是以儒家为主的儒、佛、道三教合一的思想，他主张在政治清明的时候就出来做官，造福百姓；在时局混乱的时候就归隐山泉，修身养性。他在隋代的蜀郡曾做过司户书佐的官职，地位低下，人微言轻。他主张尊崇王道、推崇霸道，隋文帝对他有相见恨晚的慨叹。然而不幸的是，他的主张却遭到了朝廷里的大多数公卿大臣的强烈反对。他心灰意懒，非常失望，于是他就写了《东征歌》来慨叹"志乖愿违"、"道之不行"，

最终于隋炀帝大业末年辞官归隐于白牛溪，以著书讲学为业，"依《春秋》体例，自获麟后，历秦、汉至于后魏，著纪年之书，谓之《元经》。又依《孔子家语》、扬雄《法言》例，为客主对答之说，号曰《中说》。皆为儒士所称。义宁元年卒，门人薛收等相与议谥曰'文中子'"（《旧唐书·王勃传》）。杨炯《王子安集序》也说道："（勃）祖父通，隋秀才高第，蜀郡司户书佐蜀王侍读。大业末，退讲艺于龙门。其卒也，门人谥之曰'文中子'。"王勃曾写过《续书序》一文赞扬祖父的文学功绩以及授业讲学的成就。

王勃的叔祖王绩（585年—644年），字无功，号东皋子，是王通的弟弟，他也是唐代的著名诗人。王绩自幼聪明好学，博闻强识，曾在隋代担任秘书省正字的官职，之后出任六合县丞。隋代末年天下大乱，诸侯割据，人民苦不堪言，王绩就远离混乱，回到家乡隐居了。他在唐代初年曾担任过太乐丞一职，后来也是弃官而去，究其原因，多是性情散漫，受不了官场繁文缛节的束缚才离开的。王绩的一生郁郁不得志，在做官与归隐之间来回挣扎，心念仕途，却又自知难以显达，所以最终归隐山林，过起了平淡闲适的田园生活，时常弹琴、喝酒、作诗，自娱自乐，不亦乐乎。大概是文人都与酒有着千丝万缕的联系，作为一个文人，王绩也爱好饮酒，几乎达到了痴迷、疯狂的程度。据《唐才子传》《文中子世家》记载，他性情旷达、率真，嗜酒如命，唐武德八年（625年），朝廷为显示自己的宽宏大量，同时也为了笼络人才，于是下令征召前朝官员，王绩以原官待诏门下省。按照门下省的惯例，每天给好酒三升。王绩的弟弟王静问他："待诏快乐否？"他回答说："待诏俸禄低，又寂寞，只有良酒三升使人留恋。"也就是说，这个官职工资少，还会感到寂寞无聊，但是每天

分发的三升酒使他留恋，不忍离去。侍中陈叔达听说了这件事情，就把给他的酒量由三升加到了一斗，当时的人都称他为"斗酒学士"。回到东皋之后，他把焦革制酒的方法撰写成《酒经》一卷；又收集杜康、仪狄等善于酿酒者的经验，写成了《酒谱》一卷。由此可见，其嗜酒达到了极度痴狂的地步。他写的诗歌也大多以爱酒为题材，高度赞扬魏晋时期的名人狂士嵇康、阮籍；以田园生活的闲适情趣为内容，歌颂陶渊明的质朴与自然，在诗歌中嘲讽周、孔礼教，流露出了颓放、消极的思想，表达了对现实的强烈不满。他诗歌的代表作是记写山村田园生活、抒写闲情逸趣却又有所寄托的《野望》（"东皋薄暮望"）。除爱酒外，王绩还喜好弹琴，他曾经自己谱写曲谱，改编著名的琴曲《山水操》，受到世人的赞赏；他还精于占卜算卦，擅长射覆。然而，他的最大成就还是在诗歌方面，被后世公认为是五言律诗的奠基人，为扭转齐梁余风及唐诗的开创作出了重要贡献，在中国诗歌史上具有非常重要的地位。后人辑有《王无功集》。

王勃的父亲叫王福畤，是王通的长子，生卒年不详，大约死于唐代武后初期。据《旧唐书·王勃传》记载，王通生有两个儿子，一个叫福畤，另一个叫福郊。其中，福畤就是王勃的父亲。杨炯说他是一位"绝六艺以成能，兼百行而为德"的"人宗"，可以看出，他是一位多才多艺的儒家学者，才能全面，品德也很优秀。据史料记载，他曾做过雍州司功参军，后来王勃杖杀官奴，他受到了牵连被贬为交趾这个地方的县令。再后来，武则天登基做了皇帝，他因子而贵，又升官做了泽州长史，"天后朝以子贵，累转泽州长史，卒"。

关于王勃的母亲，由于历史资料的缺失，已经不能知道她的具体情况了，但是可以知道她姓崔。《太平广记》卷二四九"王福畤"条记载："福畤及婚崔氏，生子勃。"又根据《新唐书·王勃传》的记载，她在王助七岁的时候去世了，王助"丧母哀号，邻里为泣"，可见，王勃在少年时期就失去了母亲，很是可怜，这多多少少也会影响王勃以后的生活。

据两《唐书》可知，王勃是兄弟六人：王勔、王勮、王勃、王助、王劼、王劝，其中王劼早卒。杨炯说他是兄弟五人，其中没有王劼和王劝，有王勋，这就和两《唐书》记载的信息有冲突了。再加上王勃自己在《续书序》中说"勃兄弟五六冠者"，这就更加模糊不清了。但可以知道的是，他们兄弟很多，而且都很有文才。据两《唐书》可知，他们兄弟六人中，王勮、王助都是进士及第。"勔、勮、勃皆著才名，故杜易简称'三珠树'，其后助、劼又以文显。劼早卒。福畤少子劝亦有文"（《新唐书·王勃传》）。"（福畤）子勔、勮、勃，俱以文笔著天下。"（《太平广记》卷二四九"王福畤"条）可见，王勃的兄弟都是以文才为时人所称道的，才思敏捷，辞采高雅，有着很高的文学修养与才能。

王勃更是一位出类拔萃的人物，他自幼受到良好的文化熏陶，不仅"聪警绝众"，思维敏捷，写文章文不加点，一气呵成，而且写得很是文雅，"文章迈捷，下笔则成"。他过早成熟，才华早露，"六岁善文辞"，九岁的时候就能读颜师古注的《汉书》，并写有《指瑕》指出其中的错误（《新唐书·王勃传》）。王勃十五岁时上书司刑太常刘祥道（《上刘右相书》），被刘赞为神童，经刘祥道的举荐，王勃应幽素科举，对策及第，被任命为朝散郎一职。唐高宗乾封初年（666年），他因擅长文辞为沛王李贤所赏识，征召为沛王府修撰，沛王也非常喜欢并且重用他。王勃恃才

傲物，经常遭到同僚的猜忌与嫉妒，都很厌恶他，终于在他二十岁那年因像玩文字游戏一样写了一篇《檄英王鸡》以记写诸王子斗鸡游戏而引起了唐高宗的不满，被逐出了沛王府，"高宗怒曰：'是且交构。'斥出府"（《新唐书·王勃传》）。据《入蜀纪行诗序》记载，高宗总章二年（669年），王勃开始了通往巴蜀的流浪生活，在这期间创作了大量具有很高水平的诗歌，三年之后他回到了长安。咸亨三年（672年），他又获得了做官的机会，做了虢州参军，但又因擅杀官奴曹达而银铛入狱，判为斩首之刑，幸好此时皇帝下诏大赦天下，他被夺职释放，他的父亲也因此受连累而被贬官。从此，王勃彻彻底底地与官宦生活无缘了，他视宦海为畏途，怀着弃官沉迹、专心著述的心情，先到洛阳，后回到故乡龙门，像叔祖王绩一样过起了安静闲适的田园生活。这从王勃的诗歌中也可以看出他确实度过了一段闲散的隐居生活。上元三年（676年），他南下省亲，经过广州，渡南海去交趾，却不幸落水溺亡，结束他短暂的一生。

　　他虽生年不永，但却为世人留下了丰富的优秀作品，曾撰《周易发挥》五卷及《次论》等书多部，可惜大多亡佚。他诗文兼擅，据《全唐诗》可知，存诗两卷，共八十八首；据《全唐文》载，他有文章九十多篇。他不仅与杨炯、卢照邻、骆宾王合称"初唐四杰"，而且还是"四杰"之首。其诗文集原有三十卷，宋代洪迈《容斋随笔》说他"今存者二十卷"，现有明代崇祯时期张燮搜辑汇编的《王子安集》十六卷，清代同治甲戌年间的学者蒋清翊为它作注，名之为《王子安集笺注》，把它分为了二十卷。此外，杨守敬《日本访书志》著录卷子本古钞《王子安文》一卷，并抄录其中逸文十三篇（实为十二篇，其中六篇残缺）。罗振玉

《永丰乡人杂著续编》又辑有《王子安集佚文》一册，共二十四篇。王勃反对唐初绮靡浮华的诗风，并为扭转这种诗风而奋斗，在唐代乃至整个古代中国诗歌史上都具有重要的历史地位。

三、王勃的交游

王勃一生都与文字有着密切的关系，一生的荣辱都与文字相关，就连交朋友也是因文字而成，可以说是成也文字，败也文字。虽然他仅以短短的二十七年就英年早逝，但这丝毫没有影响到他的文名、诗名以及他在整个文学史上的地位。他在有限的生命里也因文才交到了不少朋友，他们是志同道合的诗友，诗酒唱和，结下了深厚的友谊。其关系较密切的朋友主要有杨炯、邵大震、卢照邻、宋之问、员半千、刘允济等，他对待朋友真诚坦然，是一个极度重视友情的人。

(一) 与杨炯的交游

王勃与杨炯交往很多，交情也非常深厚。闻一多先生在《唐诗杂论·四杰》中说："王杨之交，契合于王勃《秋日饯别序》和杨炯《王勃集序》。"据王勃文集的记载可以知道，两人的交往开始于总章元年（668年）的春天，当时，王勃任沛王府侍读，杨炯待诏弘文馆。王勃在《山亭兴序》中云："有弘农公者，日下无双，风流第一。仁崖知宇，照临明日月之辉；广度冲襟，磊落压乾坤之气。王夷甫之瑶林琼树，直出风尘；嵇叔夜之龙章凤姿，混同人野。雄谈逸辩，吐满腹之精神；达学奇才，抱填胸之文籍。"众所周知，弘农杨氏是大名鼎鼎的名门望族，始于西汉丞相杨敞，他的玄孙杨震在东汉光武帝时曾做过太尉，当时的人把他称作"关西孔子"。他的儿子杨秉、孙子杨赐、重孙杨彪，都做过太尉，显赫异常。到了隋代，弘农杨氏真正达到了鼎盛时期，皇帝杨坚父子、重臣杨素等人就出自这一支。王勃的赞美也很符合杨炯的身世与才能，据《旧唐书·文苑传·杨炯传》记载："杨炯，华阴人。伯祖虔威，武德中官至右卫将军。炯幼聪敏博学，善属文。"因为当时的文坛上，与王勃年龄相仿的杨氏有文名者非杨炯莫属，再无二人。所以，"弘农公者"是杨炯是没有疑问的。虽然杨炯曾说过"愧在卢前，耻居王后"，但这丝毫不影响两人之间的交情，他们志趣相投，惺惺相惜，引为知己。

俗语有云，患难见真情。王勃、杨炯两人的友情在困境中尤其显得珍贵。总章二年（669年），王勃被斥逐沛王府之后西游巴蜀，寒日萧条，秋风萧瑟，身处异乡，倍感凄凉，此时他写了《秋日饯别序》："奏鸣琴而离鹍别鹤，惊歧路之悲心；来胜地则时雨凉风，助他乡之旅思。"文中又写道："杨学士天璞自然，地灵无对。二十八宿，禀太微之一星；六十四爻，受乾坤之两卦。论其器宇，沧海添江汉之波；序其文章，元圃积烟霞之气。几神之外，犹是卿云；陶铸之余，尚同嵇阮。接光仪于促席，直观明月生天；响词辩于中筵，但觉清风满室。"其中的"杨学士"即指杨炯，这种盛赞之词在当时文坛的杨氏文人中也只有杨炯能担当得起。从上述语句可以看出，杨炯与王勃在巴蜀度过了许多美好的时光，二人觥筹交错，吟文赋诗，王勃对杨炯的性格非常欣赏，对其才学也是格外敬佩。"门生饯别，如北海之郡前；高士将归，似东都之门外"。杨炯将要离去，王勃为之饯别，不忍好友离去。杨炯的到来，给了王勃心灵上莫大的慰藉，使他那颗失落的心不再那么无助与孤独，有了些许温暖。

上元二年（675年），杖杀官奴事发，王勃被免官之后回到了家乡龙门。杨炯与沈佺期到访，王勃的心情异常激动，之后挥笔写下了《夏日诸公见寻访诗序》，先是陈述自己人生的坎坷崎岖："天地不仁，造化无力。授仆以幽忧孤愤之性，禀仆以耿介不平之气。顿忘山岳，坎坷于唐尧之朝；傲想烟霞，憔悴于圣明之代，情可知也。"然后写自己因好友的不离不弃而感动万分的心情，情真意切，"杨公沈公，行之者仁义礼智，用之也乾元亨利"，"金门待诏，谒天子于朝廷"，"席门蓬巷，伫高士之来游"，其中的杨公即指杨炯，沈公是指沈佺期。依据是，据《登科记考》卷二记载，沈佺期与杨炯于上元二年登进士第，"金门待诏"即指此事，他与杨炯来探望王勃，王勃感动之余写下了这篇文章。

可以毫不夸张地说，王勃之所以能在后世文人里有如此的地位和影响，很大程度上得力于杨炯。在王勃死后，杨炯怀着极其悲痛的心情搜集整理他的诗文，并为之作序，即著名的《王子安集序》，杨炯对王勃的才华是极其欣赏的，但同时又感到十分的遗憾与悲痛，序中说道："潸然揽涕，究而序之，分为二十卷，具诸篇目。三都盛作，恨不序于生前；七志良书，空撰得于身后。"由此可见，王勃与杨炯是真正意义上的朋友，不管顺境还是逆境，都能不离不弃，着实令人钦佩。

（二）与邵大震、卢照邻的交游

王勃与诗人邵大震、卢照邻的交往主要在他游蜀期间。咸亨元年（670年）九月九日重阳节，王勃、卢照邻、邵大震一同登览了梓州的玄武山，并都留下了诗作。王勃诗《蜀中九日》云："九月九日望乡台，他席他乡送客杯。人情已厌南中苦，鸿雁那从北

地来。"表达了对流浪生活的厌恶之情。邵大震《九日登玄武山旅眺》收录在《全唐诗》卷六三，诗云："九月九日望遥空，秋水秋天生夕风。寒雁一向南去远，游人几度菊花丛。"卢照邻作诗和曰："九月九日眺山川，归心归望积风烟。他乡共酌金花酒，万里同悲鸿雁天。"（《九月九日登玄武山旅眺》）同样表达了对旅居生活的厌恶和对故乡的思念之情。邵大震，即邵令远，《全唐诗》的小传写道："邵大震，字令远。安阳人，与王勃同时。"王勃《游山庙序》云："时预乎斯者，济阴鹿宏允、安阳邵令远耳。"不仅如此，王勃的佚文中有《与邵鹿官宴序》，其中提到的"邵少、鹿少"即指邵大震、鹿弘胤。由此看出，王勃与邵、卢二人曾在一起游玩山水，寄情其中，关系很是亲密。

王勃《春日序》云："况乎华阳旧壤，井络名都……严君平之卜肆，里闬依然；扬子云之书台，烟霞犹在。"这是王勃游蜀时所作，根据两人的诗文可以推断出，此时卢照邻也在蜀郡，有诗为证。三月三日泛水节，两人携手同赴曲水宴，并且有诗唱和。卢照邻的诗是《三月曲水宴得尊字》："风烟彭泽里，山水仲长园。由来弃铜墨，本自重琴尊。高情邈不嗣，雅道今复存。有美光时彦，养德坐山樊。门开芳杜径，室距桃花源。公子黄金勒，仙人紫气轩。长怀去城市，高咏狎兰荪。连沙飞白鹭，孤屿啸玄猿。日影岩前落，云花江上翻。兴阑车马散，林塘夕鸟喧。"王勃作诗《三月曲水宴得烟字》以唱和："彭泽官初去，河阳赋始传。田园归旧国，诗酒间长筵。列室窥丹洞，分楼瞰紫烟。萦回亘津渡，出没控郊廛。凤琴调上客，龙辔俨群仙。松石偏宜古，藤萝不记年。重檐交密树，复磴拥危泉。抗石晞南岭，乘沙眇北川。傅岩来筑处，磻溪入钓前。日斜真趣远，幽思梦凉蝉。"这两首诗表达

的情致几乎完全一致，即渴望隐居但同时又不甘寂寞的复杂心境。王、卢二人的交游大致止于此时游历蜀都，除此之外，由于资料的缺失，就再没有发现两人的交游足迹了。

（三）与宋之问的交游

宋之问，汾州（今山西汾阳）人，初唐著名诗人，律诗的奠基人之一。他与杨炯交情深厚，在杨炯死后作的《祭杨盈川文》采用四四制式，言简辞切，悲凉真挚，催人泪下。其实，王勃与宋之问也有交往，有王勃《夏日宴宋五官宅观画障序》为证。岑仲勉在《唐人行第录》中说道："宋五官：宋之问。虽不注名，但宋与四杰中骆、杨均有酬唱，王序开篇言：'宋五官芝庭袭誉，盛文史于三冬。'又与宋家世相称，故子安集之宋五，亦及之问其人。"应该说这是合情合理的考证与推断。因为据史书记载，宋之问虽然出身不算显赫，但也是出生于很有修养的家庭，他的父亲宋令文"工书，善属文"，时人称其有三绝：勇力、文辞、书法，可见，他是一位多才多艺的文人学者。他的弟弟宋之逊擅长书法，为时人所称。宋之问不仅擅长文辞，"之问以文词知名"，还爱好音乐、书法，"性好唱歌"，"雄于谈辩，工真行"（《旧唐书》本传），只是功力未到而显得不是那么突出，但这并不影响他的文名。

宋之问的画障精美绝伦，巧夺天工，使得王勃爱不释手，连声赞叹。文中写画障的精美的句子如"障列青牛，更写行云之态。尔其龙编绣质，贝锦分花，隐映楼台，比窗帘之在旦；参差花叶，若桃李之恒春。楚媛调弦，韩娥对酒"。"惊鸿擅美，丹青贵近质之奇；吐凤标华，宫徵得缘情之趣。……鱼鸟冷而相亲，泉石纷而在玩"。可以看出，王勃和宋之问是有一定交情的，可以去他家里观赏画幛，这篇序文说不定是宋之问主动请辞的也未可知。

（四）与员半千的交游

员半千（621年—714年），字荣期，齐州全节（今山东章丘）人。原为彭城（今江苏徐州）刘氏，其十世祖刘凝之在刘宋灭亡后逃奔北魏，因忠烈耿直，倾慕伍子胥，被北魏皇帝赐封姓"员"。值得一提的是，员半千是我国的第一位武状元。后因不满官场的尔虞我诈辞官归隐，游山玩水，以终天年，《全唐文》的作者小传说他卒于唐玄宗开元九年（721年），活了九十四岁。骆宾王与他关系很好，写给他的有一封书信《答员半千书》和一首诗《叙寄员半千》。《全唐文》卷一百六十五收录了员半千3篇作品。据遗留下来的资料可以看出，王勃与员半千是惺惺相惜的，他们有着许多共同的特点，如出身卑微但聪颖早慧，希冀建功立业，以及都热爱文学。王勃集中有《与员四等宴序》一文，关于"员四"是不是员半千，岑仲勉先生在《唐人行第录》中有考证："员半千。按当时员姓有文名者为员半千，初名余庆，旧（《旧唐书》）一九○中、新（《新唐书》）一一二有传。据旧传，武后初半千与凤阁舍人王处知、天官侍郎石抱忠为弘文馆直学士，纪事（《唐诗纪事》）六（应为卷七）王处知作'王勮'，实则王勮之讹，可信王勃兄弟与半千素有往还也。"应该说岑先生的推断非常可信，因为这和史书中记载的情况很是相符，《旧唐书·王勃传》记载："勮……长寿中，擢为凤阁舍人……寻加弘文馆学士，兼知天官侍郎。"《新唐书·王勃传》中的记载大致和《旧唐书》

相同："长寿中，擢为凤阁舍人。……寻加弘文馆学士，兼知天官侍郎。"长寿，是武则天的年号，时间是692年的四月至694年的五月。由此可知，王劼在武后时期先为凤阁舍人，后又升为弘文馆学士、天官侍郎。《唐诗纪事》卷七"员半千"条载："与王劼、石敬淳、石抱忠武后时同为弘文馆学士。"综合起来这几条记载可以推断，岑先生"王处知作'王劼'，实则王劼之讹"的考证是可信的。这样就不难看出：员半千和王勃的哥哥王劼同时为官，与王勃也自然熟识，王勃《与员四等宴序》一文中的"员四"当是员半千无疑。而且，从序文可以看出王勃与员半千的交情是很好的，文中有这样的句子可以为证，"林壑遂丧，烟霞少对，良会不恒，神交复几"，"托同志于百龄，求知己于千载"，可见，王勃是把员半千引为知己的，在其心中是很有分量的。

（五）与刘允济的交游

刘允济，洛州巩（今河南巩县）人，做过著作佐郎、弘文馆学士、青州长史等官职，《全唐诗》卷六三录其诗四首。《全唐文》卷一六四收其赋五篇。他自幼丧父，侍母至孝，后遭母忧，服孝期满后不久就去世了，应是悲伤过度所致。《旧唐书·文苑传（中）》载其"博学善属文，与绛州王勃早齐名，特相友善"。南宋晁公武《郡斋读书志》载："王勃集二十卷，有刘元济序。"《全唐诗》作者小传中为"刘允济"。《唐诗纪事》卷十二"刘允济"条下记载："（刘）允济，字元济，河南人。少与王勃齐名。"可见，刘允济与王勃交情匪浅，而且刘允济的散文《王勃集序》在宋代还保留着。由于史料的缺乏，之后二人交往如何，就不得而知了。

（六）与薛华的交游

王勃诗作中有《别薛华》（亦作《秋日别薛升华》）、《重别薛华》（亦作《重别薛生华》）两首诗，文章有《秋夜于绵州群官席别薛升华序》。"薛升华"何许人也？薛升华，又名薛华，本名薛曜，是宰相薛元超的儿子，隋代著名诗人薛道衡的曾孙，王通的得意弟子、唐代开国元勋薛收的孙子，曾做过正谏大夫。从这两首诗和一篇文章来看，王勃与薛曜的关系也非比寻常，也许由于两人的祖父是师徒关系，也许是两人的性格、爱好使然，总之，王、薛二人的关系是很密切的。

（七）与其他人的交游

除了上述几位之外，从王勃诗文中还可以看出，他还有许多不知名的友人，由于记述得不清楚，具体名姓已经不可考了，但从字里行间可以看出，王勃与他们的交情深厚。

最知名的不知名字的朋友当属"杜少府"，王勃的名作《送杜少府之任蜀州》中的人物。杜少府，历史上的他的具体名字已不可知，2000 年的电影《王勃之死》中为他取了个名字叫做杜镜，看得出来，杜少府是要到异乡蜀州为官，临别之际，王勃为他写了这首流传千年的送别诗，其中的名句"海内存知己，天涯若比邻"为历代诗人、学者赞赏不已。

此外，不管是《饯韦兵曹》中的韦姓朋友，还是《白下驿饯唐少府》中的唐氏友人；不管是《秋日别王长史》中的王氏友人，还是《伤裴录事丧子》中的裴氏朋友和《赠李十四四首》中的李氏朋友，还有文章中的宇文明府、季处士、白七、李十五和韦少府，王勃都与他们感情深厚，对朋友倾注真情，关心问候。

四、王勃的思想

王勃的思想是儒、道、释三种思想的结合体，大致以官奴曹达案事发为界限分为前后两期，前期主要是以儒家思想为主，后期以道、释家为主。

（一）前期的王勃是忠实地信奉儒家思想的，"早师周礼，偶爱儒宗"（《秋晚入洛于毕公宅别道王宴序》）。"先天下之忧而忧"，推崇忠孝仁义，轻视名利，渴望建功立业，关心天下百姓。他"九岁读颜氏汉书，撰《指瑕》十卷；十岁包综六经"（杨炯《王子安集序》）。可见，他自幼就是忠实于儒家经典的，自然也受到了儒家仁、义、礼、智、信的影响。他在《上吏部裴侍郎启》中说道："蒙父兄训导之恩，藉朋友琢磨之义，好学近乎知，力行近乎仁。知忠孝为九德之源，故造次必于是；审名利为五常之贼，故颠沛而思远。"青年时代的王勃积极关心国家政治、经济和军事，信心十足，认为自己可以"拾青紫于俯仰，取公卿于朝夕"（《上绛州上官司马书》）。

他前期的思想在《上刘右相书》一文中表现得淋漓尽致，其中涉及政治、经济、军事和选拔人才等各方面，表现出极其强烈的建功立业的迫切心情。当太常伯刘祥道巡行关内、选拔人才的时候，他就勇敢地上书，提出对时局的批评性意见。他在这封洋洋洒洒数千言的书信中，指出连年不断的战争造成了灾难性的后果，他说："伏见辽阳未靖，大军频进，有识寒心，群黎破胆。昔明王之制国也，自近而及远，先仁而后罚，征实则效存，徇名则功浅。是以农疏十野，仅逾重石之乡；禹截九州，不叙流沙之境。岂才不及而智有遗哉？将以辨离方而存正功也。虽至人无

外，甲兵曜天子之威；王事有征，金鼓发将军之气。而长城在界，秦汉所以失全昌；巨海横流，天地所以限殊俗。辟土数千里，无益神封；勒兵十八万，空疲帝卒。惊烽走传，骇秦洛之氓；飞刍挽粟，竭淮海之费。"另外，他还十分沉痛地指出："百战方雄，中国鲜终年之乐。图得而不图失，知利而不知害，移手足之病，成心腹之疾。征税屈于东西，威信塞于表里。"他认为当时畸形的经济是统治者不当的过度消费造成的，农民遭受残酷的剥削，农业也急速地衰退，他指出："盖《易》曰：'天地之大德曰生，圣人之大宝曰位，何以守位曰仁，何以聚人曰财。'是知发挥地利，农桑启其业；振荡天功，泉贝流其用。……夫烦简并用，未尽交易之宜；轻重齐行，适启兼并之路。于是连圊掩匮者，闭肆而称其屈；布衣韦带者，阖门而受其困。五方竞爽，务浅术以相雄；百郡争胜，驱末技而成弊。田夫织妇，衣食鲜终朝之给；巨驵洪商，舆马挟封君之势，盖有由来矣。"王勃是渴望建功立业的，他在《滕王阁序》中说："勃，三尺微命，一介书生。无路请缨，等终军之弱冠；有怀投笔，慕宗悫之长风。""伏愿辟东阁，开北堂，待之以上宾，期之以国士，使得披肝胆，布腹心，大论古今之利害，高谈帝王之纲纪。"表现出极其强烈的济世思想。在这封书信中，他还指出了选才太过泛滥从而导致真正的人才被压抑的弊端，"惜哉！群英雾散，名侯招蔽善之嫌；天下雷同，君子鲜长鸣之地，而欲招绝足，致真龙，难矣！"（《上刘右相书》）不可否认，王勃作为一个十五六岁的少年，能有如此对于国家的真知灼见，实在是很难能可贵。

王勃抱着儒家的济世救人思想，试图有所作为，但他那耿介的性格，不屑于逢迎上司的秉性，结果必然是事与愿违。事实上

也是如此，他遭到了同僚的嫉恨与排斥。擅杀官奴事发，他被贬斥异地，从此彻彻底底地离开了仕途。他开始鄙视王侯，《秋晚入洛于毕公宅别道王宴序》说："早师周礼，偶爱儒宗；晚读老庄，动谐真性。进非干物，自疏朝市之机；退不邀荣，谁识王侯之贵？"武则天当政时期，王勃的兄长、箕州刺史王勔和泾州刺史王勮都被杀害，"勮与兄泾州刺史勔及助皆坐诛"（《新唐书》本传），这更坚定了他归隐的决心。

（二）王勃因"戏为文《檄英王鸡》"（《新唐书》本传）被逐出沛王府之后，流露出了对朝政不满的情绪，但这顶多是文人的愤激之词，还不足以打消他的儒家入世思想。这时，他还在做官与归隐之间徘徊挣扎，他在放逐的途中还会想念着"唐尧之朝"、"圣明之代"，他在《夏日诸公见寻访诗序》中说道："天地不仁，造化无力。授仆以幽忧孤愤之性，禀仆以耿介不平之气。顿忘山岳，坎坷于唐尧之朝；傲想烟霞，憔悴于圣明之代。"《游山庙序》中也说："事亲多衣食之虞，登朝有声利之迫。"可见，他此时的心情是极其矛盾的，做官、生活与自己的脾气是格格不入的。但官奴曹达事件的发生真真正正是其思想的转折点，因为他险些遭到了杀身之祸，统治者想要他远离朝廷，从此以后，他才真正从内心决定远离仕途，专心著述，成了一位名副其实的隐士。当然了，他的归隐实际上是不为朝廷所用之后解脱痛苦的一种方法，他在《冬日羁游汾阴送韦少府入洛序》中说得很明白："下官诗书拓落，羽翮摧颓。朝廷无立锥之处，邱园有括囊之所。山中事业，暂到渔樵；天下栖迟，少留城阙。"此时，儒家的入世思想逐渐被道家的隐世思想取代了，道家占了主体，此外又掺杂了少许的佛家思想。

　　王勃"晚读老庄，动谐真性"，深深地痴迷于道家学说，道家的逍遥自适的精神慢慢地影响着王勃的思想观与价值观。他曾于长安拜道士曹元为师学习医术，而且学有所成。他在《黄帝八十一难经序》中说："勃受命伏习，五年于兹矣。有升堂睹奥之心焉。近复钻仰太虚，导引元气，觉滓秽都绝，精明相保。方欲坐守神仙，弃置流俗。"在道家的宇宙观与人生观的影响下，王勃认为自己是天地间灵气凝聚而成，是宇宙的主体，所以他说"窃禀宇宙独用之心，受天地不平之气，虽弱植一介，穷途千里，未尝下情于公侯，屈色于流俗，凛然以金石自匹"（《春思赋并序》）。他在《忽梦游仙诗》中也说："流俗非吾乡，何当释尘味。"可见，道家超然的思想使他渐渐形成了超然通达的人生姿态。他渐渐地归隐山林，吟诗作赋，饮酒赏花，"衫襟缓带，拟贮鸣琴；衣袖阔裁，用安书卷"（《感兴奉送王少府序》）。作者身着宽衣缓带，弹琴读书，俨然一位隐者的形象了。只不过有时他还是会表现得比较消极，如《全唐文》收录的相传是王勃写于唐高宗永淳二年（683年）三月的《三月上巳祓禊序》（据笔者考证，此文未必是王勃作品）中说的："观夫天下四方，以宇宙为城池；人生百年，用林泉为窟宅。"已经完全沉迷于道家思想了，以天地宇宙为宅院，生活于其间。从《怀仙》《忽梦游仙》《述怀拟古诗》及《游山庙赋》中也可以清晰地看出他和道家的密切关系。《驯鸢赋》和《江曲孤凫赋》中的"鸢"、"凫"也都寄托着作者希冀超尘超脱的人生姿态：自然，纯真。

　　王勃在痴迷道家的同时，也渐渐受到了佛教的影响，其思想中的佛教因素逐渐增多。这固然与当时的统治者倡导佛教有着密切的关系，但更多的还是由个人因素决定的。他被逐出沛王府，

漫游蜀地，观赏名山大川；自己险些丧命，兄长命丧朝廷。这都使得他在思想上渐渐靠近了佛家。他游览过许多佛寺，写作了大量的佛教碑文，如《益州绵竹县武都山净慧寺碑》《益州德阳县善寂寺碑》《梓州郪县兜率寺浮图碑》等文。他还以佛家弟子自居，写有《四分律宗记序》说："弟子才非元（玄）度，识劣真长。本乏凌云之词，虚荷弥天之眷。揄扬盛烈，顾孙绰而多惭；皈依胜侣，仰郗愔而自励。"他虽未出家，但在一定程度上可以说是佛家弟子了，因为他的思想中在某种程度上被佛教思想感染得很深，他说："嗟释迦之永法将尽，仰慈氏之何日调伏，我今回向菩提，一心归命圆寂。"（《释迦佛赋》）。此外，他还写有关于佛家的《释迦如来成道记》。

总之，王勃的思想是多元化的，是儒、道、释三种思想的混合体，只是在不同的时期某一种思想会占主导，这在很大程度上是家世、经历决定的，同时也深深地影响到了他的文学创作。

第二章　王勃的诗歌

　　王勃流传下来的诗歌数量不少，《全唐诗》收其诗2卷（卷五五—五六）共88首，这些诗歌作品质量颇高，有着很高的艺术水准。

一、王勃诗文的创作理论

　　王勃不仅是一位杰出的诗人、文学家，还是一位卓越的文学理论家，他的文学理论主要是针对唐初以上官仪为代表的"绮错婉媚"（《旧唐书·上官仪传》）的浮艳诗风而发的，也取得了很大的成效。

　　首先，王勃提出并肯定了文学的巨大作用。他在《平台秘略论·文艺三》中说道：

　　论曰：《易》称观乎天文，以察时变；《传》称言而无文，行之不远。故文章经国之大业，不朽之能事，而君子所役心劳神，宜于大者远者，非缘情体物，雕虫小技而已。是故思王抗言词讼，耻为君子；武皇裁出篇章，仅称往事，不其然乎？至若身处魏阙之下，心存江湖之上，诗以见志，文宣王有焉。

　　显而易见，王勃是继承了曹丕关于文学重要性的观点，同时
认为文学应该表达个人内心的感情，虽然这是《诗大序》"诗言
志"的传统观点，但它的再次提出在当时却有着极现实的意义。
因为当时的文坛"文场变体，争构纤微，竞为雕刻，糅之金玉龙
凤，乱之朱紫青黄。影带以徇其功，假对以称其美，骨气都尽，
刚健不闻"（《王子安集序》），都被"争构纤微，竞为雕刻"的
浮艳文风所笼罩，形式、内容千篇一律，固执呆板，死气沉沉，
毫无生气。对于这种"绮错婉媚"的诗风，王勃首先从文学价值
上予以否定，认为它是"雕虫小技"，不值一提，与"经国之大
事，不朽之能事"的正统文学是根本不能相提并论的。

　　王勃的另一篇文章《上吏部裴侍郎启》中在批评汉代辞赋、
晋代玄风、六朝绮靡的同时，进一步提出了自己心目中真正的文
学。

　　夫文章之道，自古称难。圣人以开物成务，君子以立言见
志。遗雅背训，孟子不为；劝百讽一，扬雄所耻。苟非可以甄明
大义，矫正末流，俗化资以兴衰，家国由其轻重，古人未尝留心
也。自微言既绝，斯文不振，屈宋导浇源于前，枚马张淫风于
后。谈人主者，以宫室苑囿为雄；叙名流者，以沈酗骄奢为达。
故魏文用之而中国衰，宋武贵之而江东乱。虽沈、谢争鹜，适足
兆齐梁之危；徐、庾并驰，不能止周陈之祸。于是识其道者卷舌
而不言，明其弊者拂衣而径逝。潜夫昌言之论，作之而有逆于
时；周公孔氏之教，存之而不行于代。天下之文，靡不坏矣。

　　他以矫枉过正的态度把枚乘、司马相如的辞赋和徐陵、庾信的绮靡风气批评得体无完肤，视之为亡国的根源，并进行了猛烈的抨击。所以，他和杨炯、卢照邻、骆宾王等人一起"思革其弊，用光志业"（《王子安集序》），大张旗鼓地反对"上官体"（《旧唐书·上官仪传》），并得到了文坛的强烈响应。如云："长风一振，众萌自偃。遂使繁综浅术，无藩篱之固。纷绘小才，失金汤之险。积年绮碎，一朝清廓。翰苑豁如，词林增峻，反诸宏博，君之力焉。"（《王子安集序》）卓有成效。此处，杨炯把功劳推给王勃，虽不乏溢美之词，但也不为虚言。王勃在这场运动中确实起到了先锋带头作用，贡献也最大。

　　其次，王勃诗文创作具有强烈的现实性，它针对现实，以现实为依据。他在许多诗文中都表达了一个失落者对眼中污浊现实的不满、讽刺与抨击，他在长安时憎恶黑暗的官场与腐败的政治（如《临高台》），游历蜀郡时写下的诗序、碑文，登山游水、宴集聚会，以及记述连年不断的扩边战争给百姓带来的灾难（如《采莲曲》），无不在抒发自己的真实情感。

　　他在步入仕途的时候，写作文章多从文学与政治的关系来考虑，力图实现文学"经夫妇，成孝敬，厚人伦，美教化，移风俗"的经世致用的功能，他在《上吏部裴侍郎启》中强调文章之道的时候说"甄明大义，矫正末流，俗化资以兴衰，国家由其轻重"，以使得"国家应千载之期，恢百王之业。天地静默，阴阳顺序。方欲激扬正道，大庇生人，黜非圣之书，除不稽之论。牧童顿颡，思进皇谋；樵夫拭目，愿谈王道"。从其文章来看，其文涉及政治、社会改革等多方面，尤其是在《上刘右相书》中大谈当时的政治、经济、军事等问题，一针见血。不仅如此，他还写议论朝政的表奏以求得到统治者的重用。在这时期的文章中，更多地渗透着作者的政治目的，表达自己的现实欲望。

二、王勃诗歌的主要内容

王勃的诗歌题材丰富，总的来说，可分为四大类：怀人送别诗，游赏纪行诗，羁旅思乡诗，闺妇思夫诗。每一类都在他的诗歌中占有很大比重，一起组成了其诗作的主要内容。下面分类来详述。

（一）怀人送别

"相见时难别亦难"，人生最痛苦的事情莫过于离别。离别，多么伤感的字眼，对每一个人来说，尤其是那些爱情中的痴男怨女，都是难以承受的，心里如刀割般疼痛，眼泪也因心底的伤悲而扑簌直下，打湿了胸前的衣襟。北宋著名词人柳永《雨霖铃》中的语句"执手相看泪眼，竟无语凝噎"，真是把离别时的感受描写得入木三分，真真切切。有话要说，唯恐说不完，咽喉紧张、悲痛得说不出话来。这在交通不甚发达的古代显得更加的残酷，更加的无奈。因为一旦分别，就不知道何日还能相见，有时竟会成为永诀。由于各种主观或客观的原因，离别是在所难免的，它常使人感叹身不由己，分别后的日子也是很难挨的，一日不见如隔三秋，食不甘味，寝不安席。度日如年，真是对离别之后艰难度日的最好诠释与概括。

天生敏感多情的王勃在面对离别时也是那么的不堪一击，那么的脆弱无力，有时还常常为此落泪。在离别的那一刻，再明媚

温暖的阳光在诗人的笔下也是阴冷刺眼，再秀美明丽的山水也会灰暗如土。等到朋友离去，他也会时常想念，内心牵挂，诉诸纸墨，将它深深地记下。王勃的这类诗歌可分为两类：一类是怀人，一类是送别，尤以后者为主。

1.怀人

王勃的青少年与成年时期在异乡的时间多于在家乡的，后来因罪被贬，离开了亲人和朋友，独在异乡，对亲人朋友的思念是在所难免的，也是让人伤神的。从他的诗歌来看，他写了许多思念亲朋好友的诗歌。他的怀人诗以《寒夜思友三首》和《寒夜怀友杂体二首》为代表，其诗曰：

久别侵怀抱，他乡变容色。月下调鸣琴，相思此何极。

云间征思断，月下归愁切。鸿雁西南飞，如何故人别。

朝朝翠山下，夜夜苍江曲。复此遥相思，清尊湛芳绿。

——《寒夜思友三首》

北山烟雾始茫茫，南津霜月正苍苍。秋深客思纷无已，复值征鸿中夜起。

复阁重楼向浦开，秋风明月度江来。故人故情怀故宴，相望相思不相见。

——《寒夜怀友杂体二首》

前者是五言绝句，后者为七言绝句，这两个组诗标题都含有"寒夜"二字，点名了时间和氛围。从两者的内容来说，这两组诗都是作者在异乡时所作，抒发对朋友的想念之情。夜色寒冷，明

月当空，鸿雁南飞，作者身处异乡，孤独一人，在如此冷清寂静、皎洁月光下显得更加无助和孤单，长夜漫漫，无心睡眠，这时作者不禁想到了身在异乡的自己与身在远方的朋友，分别多年，因山高路远，音信受阻，诗人的内心记挂着朋友，想念与友人曾经一起参加宴会的欢乐时光，彼时的音容笑貌宛在眼前，欢乐的日子太过短暂，如今分别两地，痛苦心情可见一斑。"久别"二字说明了诗人与朋友分别的时间已经很长了，"遥相思"也说明了作者与朋友的距离很遥远，"相思此何极"也暗示了作者已经醉心于此，思念之情很是浓烈，不知何时才能停止，这几个看似不起眼的词语将诗人对朋友的思念表露无遗。后者的末尾两句"故人故情怀故宴，相望相思不相见"，对仗工整，用语简练，毫不修饰，但却韵味十足，感情浓烈。

2.送别

王勃诗集中的送别诗共十九首，占其诗歌总数的近四分之一。提及王勃的送别诗，最具代表性的当属那首耳熟能详的五言律诗《送杜少府之任蜀州》。其中，"州"在有些版本中作"川"，胡正武先生曾撰文《蜀川与蜀州辨考——王勃《送杜少府之任蜀川》异文证释》（《文学评论》，2005年第6期）考证究竟是"蜀川"还是"蜀州"，据《旧唐书·地理志》记载："剑南道蜀州，垂拱二年分益州县置。"垂拱二年为公元686年，此时王勃已经去世了近十年，所以标题中应以"蜀川"为是。不过，今人多数仍以《送杜少府之任蜀州》为准，其诗曰：

城阙辅三秦，风烟望五津。
与君离别意，同是宦游人。

海内存知己，天涯若比邻。

　　　　无为在歧路，儿女共沾巾。

　　这首诗大约作于唐高宗乾封年间（公元666年正月—668年二月），是王勃为送别一位到蜀地任县令的杜姓朋友而作的。此诗是王勃最具代表性的作品。诗歌的首联属"工对"中的"地名对"，极其壮阔，也极其精整。第一句写长安的城垣、宫阙被辽阔的三秦之地所"辅"（护持、拱卫），气势雄伟，点明了送别之地。第二句里的"五津"指岷江的五大渡口：白华津、万里津、江首津、涉头津、江南津，泛指"蜀州"，点出了杜少府即将宦游的地方；而"风烟"、"望"又把相隔千里的秦、蜀两地连在了一起。从长安遥望蜀川，视线被迷蒙的风烟所遮掩，微微露出了伤别的意思，这是下文的"离别"、"天涯"的灵魂。

　　由于首联已经对仗工稳，为了避免板滞，故次联以散调承之，文情跌宕。"与君离别意"承首联写惜别之感，欲吐还吞。翻译一下，那就是："跟你离别的意绪啊！……"那意绪怎么样，没有说；立刻改口，来了个转折，用"同是宦游人"一句加以宽解。意思是：我和你同样远离故土，宦游他乡；这次离别，只不过是客中之别，又何必感伤！第三联推开一步，奇峰突起。从构思方面看，很可能受了曹植《赠白马王彪》中的句子"丈夫志四海，万里犹比邻；恩爱苟不亏，在远分日亲"的启发。但又高度概括，自铸伟词，所以成了千古名句。尾联紧接第三联而来，以劝慰杜少府作结。"在歧路"，点出题面上的"送"字。歧路者，岔路也，古人送行，常至大路分岔处分手，所以往往把临别称为"临歧"。作者在临别时劝慰杜少府说："只要彼此了解，心心相

连，那么即使一在天涯，一在海角，远隔千山万水，而情感交流，不就是如比邻一样近吗？可不要在临别之时哭鼻子、抹眼泪，像一般小儿女那样。"

南朝的著名文学家江淹在《别赋》里写了各种各样的离别，都不免使人"黯然销魂"。古代的许多送别诗，也大都表现了"黯然销魂"的情感。王勃的这一首五律却一洗以往的悲酸之态，意境开阔，音调爽朗，独标高格。明代胡应麟在《诗薮》中说："大历以还，易空疏而难典赡；景龙之际，难雅洁而易浮华。盖齐、梁代降，沿袭绮靡，非大有神情，胡能荡涤。唐初五言律，惟王勃'送送多穷路''城阙辅三秦'等作，终篇不著景物，而兴象婉然，气骨苍然，实首启盛中妙境。"今人刘建勋也评此诗曰："此诗是送别的名作。诗意慰勉勿在离别之时悲哀。起句严整对仗，三、四句以散调承之，以实转虚，文情跌宕。第三联'海内存知己，天涯若比邻'，奇峰突起，高度地概括了'友情深厚，江山难阻'的情景，伟词自铸，传之千古，有口皆碑。尾联点出'送'的主题。全诗开合顿挫，气脉流通，意境旷达。一洗古送别诗中的悲凉凄怆之气，音调爽朗，清新高远，独树碑石。"（《诗词总汇》）从整首诗的总体意境可以看出，全诗开合顿挫，气脉流通，意境旷达，一洗之前送别诗中的悲凉凄怆之气，音调爽朗，清新高远，独树碑石，诗人以朴实、洗练的语言，表达出真实、自然、亲切、豪爽的感情，体现出高远的志趣和旷达的胸怀，确为抒情、写景、意境完美合一的佳作，这也就能够解释为何历代诗人、学者对它推崇备至的原因了。

除了这首著名的诗歌之外，他较出名的送别诗还有许多，如《别薛华》《重别薛华》《江亭夜月送别二首》《别人四首》《秋江送

别二首》等作品，其中又以《别薛华》最为优秀。

送送多穷路，遑遑独问津。

悲凉千里道，凄断百年身。

心事同漂泊，生涯共苦辛。

无论去与住，俱是梦中人。

总章二年（669年），"诸王斗鸡，互有胜负，勃戏为《檄英王鸡文》。高宗览之，怒曰：'据此是交构之渐。'即日斥勃，不令入府。"（《旧唐书·王勃传》）被逐出沛王府时王勃年仅二十岁。他在《夏日诸公见寻访诗序》中说："天地不仁，造化无力，授仆以幽忧孤愤之性，禀仆以耿介不平之气。顿忘山岳，坎坷于唐尧之朝；傲想烟霞，憔悴于圣明之代。"对自己的被驱逐，心中怀着一腔悲愤。当年五月他离开长安南下入蜀，后来客居剑南达两年之久，遍游汉州、剑州、绵州、益州、彭州、梓州等地。在此期间，他对现实生活有了崭新的深切感受，写下了一些影响深远的诗文，《别薛华》就是其中一首。

《别薛华》，《全唐诗》在题目后面写道："《英华》作《秋日别薛升华》。"抒写离情别绪之作，历代诗歌中不计其数，但是，"诗要避俗，更要避熟"（刘熙载《艺概·诗概》）。《别薛华》是唐代诗人王勃写给同乡、良友薛华的一首含意隽永、别具一格、意境新颖的送别诗。据作者《秋夜于绵州群官席别薛升华序》所说，作者不仅和薛是同乡、通家，也是良友；又据《重别薛华》一诗来看，两人之间确有非同一般的深情厚谊。而此时王勃正当落魄失意之际，不平则鸣，因此，面对挚友，他以肺腑相倾。此

诗不着意叙写惜别之情，而是用感人的笔触抒发了悲切的身世之感，使人感到这种别离是何等痛苦，更显示出了这对挚友的分手之艰难。诗中所蕴含的深邃而绵邈的情韵，实是自己的创新。

首联即切题。"送送多穷路，遑遑独问津。"是说送了一程又一程，面前有多少荒寂艰难的路。当友人踽踽独去、沿途问路时，心情又该是多么的惶惶不安。此联中一个"穷"字与一个"独"字，真乃传神之笔：穷路凄孤地送别挚友，把悲苦的心情渲染得十分真切。但是，它又不仅仅是作者，也是远行人——薛华心情的真实写照，语意双关。

颔联"悲凉千里道，凄断百年身。"紧承上联"穷路"、"问津"而深入一层述说：在这迢迢千里的行程中，唯有一颗悲凉失意的心做伴，这简直会拖垮人生不过百年的孱弱身体。诗中"千"字极言其长，并非实指。这两句是作者发自肺腑之语。王勃早年因"戏为《檄英王鸡文》"触怒了唐高宗，从此不得重用。此诗是王勃入蜀之后的作品，他当时年仅二十出头，仕途的坎坷，对于王勃这样一个少年即负盛名，素有抱负，却怀才不遇、不得重用的人来说，其感慨之深、内心之苦，是可以想见的。所以，诗意就不能仅仅理解为只是在向远行人指出可能会遭受的厄运，其实也是作者在短短的人生道路上所亲身感受到的切肤之痛。

写到这儿，作者仍然觉得意犹未尽，还不足以倾诉心声，更不忍与知音就此分手，于是又说："心事同漂泊，生涯共苦辛。"意思是：你我的心情，都像浩渺江水上漂泊不定的一叶扁舟；而生活呢，也是一样地辛酸凄苦。这一方面是同情与劝慰对方，一方面也是用以自慰，大有"涸辙之鲋，相濡以沫"的情意。但是，离别却又是不可避免的。这样，就顺理成章地逼出了尾联

"无论去与住，俱是梦中人。"不管是离开的人，还是留下的人，彼此都会在对方的梦中出现。杜甫《梦李白》有诗句"故人入我梦，明我长相忆"，便是这个意思。在诀别之时，断言彼此都将互相入梦，既明说自己怀友之诚，也告诉对方，我亦深知你对我相思之切。"俱是梦中人"的"俱"字，似乎双方对等，但由作者一方说出，便占得了双倍的分量。另一方面，"俱是梦中人"包含有命运之舟难测的意思，彼此都像在梦里，由不得自己。诗人对朋友和自己的前程怀着无限忧虑，而对明天仍抱着美好的希望。这个结尾是隽永深长的。

这首送别诗的色彩、风格和《送杜少府之任蜀州》大相径庭，其中原因，就像现代诗人公刘所说的那样，诗是一种感性经验和主观情感占很大成分的东西。诗人此时的生活环境变了，思想感情也发生很大变化了，写出的诗也就迥然不同。《王子安集》中有一篇《秋夜于绵州群官席别薛升华序》，极有可能就是这首《别薛华》诗的序。从序言推断，诗人与薛华在绵州相逢，很快又分手。在一个清秋的夜晚，他送走薛华，写下了这首痛彻肺腑的诗篇。《别薛华》与一般五言律诗借景抒情的方法不同，它是以叙事直抒胸臆，语言简练，表达了真挚的情感，可谓"兴象婉然，气骨苍然"（《诗薮·内编》卷四）。

总之，王勃的怀人送别诗是具有高水平的艺术作品，它用语简练，感情真挚，又能自成一格，不失为优秀之作。

（二）游赏纪行

游赏纪行，顾名思义就是把在登山玩水、外出郊游的过程中所看到的景色及彼时的心情如实且生动地记写的作品。王勃这类

诗歌可分两个类别，第一类主要以观赏自然、游览名胜为重要内容，第二类主要是享受田园生活，抒发闲情逸趣。

1. 第一类

从其诗文可以看出，王勃在长安时经常与自然山水接触，寄情其间，抒发情怀，如《圣泉宴》。二十岁那年，王勃被逐出沛王府，从此就开始了漫长的自由流浪生活，他先是从长安游览巴蜀一带，后来客居剑南，先后游览了汉州、剑州、绵州、益州、彭州、梓州等地，在此过程中，他时常独自或与友人一起登山涉水，观赏自然风光，诗酒唱和，心情时好时坏，这在他的诗歌中都有体现。之后，他在去探望父亲的途中也经常凭着置身山水之间来放松自己，寻找寄托。他在这方面的代表作主要有《游梵宇三觉寺》《蜀中九日》《观佛迹寺》《长柳》《出境游山二首》《普安建阳题壁》和《滕王阁诗》等诗作。其中，以《出境游山二首》《蜀中九日》与《滕王阁诗》最为著名，也最具代表性。

首先来看《出境游山二首》，其诗曰：

源水终无路，山阿若有人。驱羊先动石，走兔欲投巾。
洞晚秋泉冷，岩朝古树新。峰斜连鸟翅，磴叠上鱼鳞。
化鹤千龄早，元龟六代春。浮云今可驾，沧海自成尘。

振翮棱霜吹，正月仁天浮。回镰凌翠壑，飞轸控青岑。
岩深灵灶没，洞毁石渠沉。宫阙云间近，江山物外临。
玉坛栖暮夜，珠洞结秋阴。萧萧寓俗影，扰扰望乡心。
谁意山游好，屡伤人事侵。

《全唐诗》在题目后写道："一本作《题玄武山道君庙》。"玄武山，位于今广东省陆丰市的碣石镇，历史悠久，驰名海内外。王勃在南下省父的途中经过此地，闻名登上了这座名山，并浏览了其中的道君庙，感受颇深。

从时间上来看，这组诗应写于公元675年到676年之间，此时作者已经到了广州，季节是秋季，作者详细地记下了玄武山的山峰、流水、动物和植物，抒发了对自然的喜爱、对自身经历的感慨和对家乡的思念之情。从字眼上可以看出，玄武山是高耸入云的，"峰斜连鸟翅"、"宫阙云间近"就说明了这一点。深秋时节，山青水冷，泉水流过石头发出了泠泠的响声，鸟儿飞过，羊、兔听到树林的声音惊吓得四下逃窜，整座山陷入了一种凄清静冷的氛围之中，夜色降临，一片寂静，形单影只的诗人置身于此，想到了自身经历的崎岖坎坷，也陷进了浓浓的孤独之中，常年在外漂泊，对故乡的思念之情愈发强烈。总体上来说，这组诗的语言是质朴无华的，意境是孤寂清冷的，感情是失落忧伤的，整体透出一种清冷的感觉。

其次，《蜀中九日》也可视为这方面的代表作品，其诗曰："九月九日望乡台，他席他乡送客杯。人情已厌南中苦，鸿雁那从北地来。"这首诗作于作者在蜀地的时候，这从标题就可知道；主要描写了在九月九日重阳节之时，作者身处他乡设席送客人离开，举杯之际分外惆怅，抒发了漂泊在外的游子"佳节倍思亲"（王维《九月九日忆山东兄弟》）的感情。第三句"人情已厌南中苦"直抒胸中的痛苦，独自在南方思念亲人，然而却不能北归；而第四句则采用反问"鸿雁那从北地来"，与前一句形成强烈的对比，看似是毫无相关的问句，却使诗人的思亲之情显得特别真切

动人。这首诗抒发了佳节思亲的感情，九月九日登高遥望故乡，自身为客又来送客，愁思倍加许多，忽然看见一对鸿雁从北方飞来，不禁脱口而问，我想北归不得，你为何还要南来，这就形成了强烈对比，把思乡的愁绪推到高峰。问得虽然无理，却烘托了感情的真挚，给人以强烈的感染，不失为一篇佳作。

当然，纪行诗中最为出名的还是那首与《滕王阁序》一起不朽的《滕王阁》诗，其诗曰：

> 滕王高阁临江渚，佩玉鸣鸾罢歌舞。
> 画栋朝飞南浦云，珠帘暮卷西山雨。
> 闲云潭影日悠悠，物换星移几度秋。
> 阁中帝子今何在？槛外长江空自流。

滕王阁因滕王李元婴而得名，是李元婴任洪州都督时所建，始建于唐永徽四年（653年），故址在今江西南昌赣江边，俯视远望，视野极其开阔。李元婴是唐高祖李渊的幼子，唐太宗李世民的弟弟，骄奢淫逸，品行不端，毫无政绩可言。但他精通歌舞，善画蝴蝶，很有艺术才情。他修建滕王阁也是为了歌舞享乐的需要。这座江南名楼建于唐朝繁盛时期，因王勃的一篇《滕王阁序》而很快出名。王勃的《滕王阁序》，脍炙人口，传诵千秋。文以阁名，阁以文传，历千载沧桑而盛誉不衰。唐高宗上元三年（676年），诗人远道去交趾探望父亲，途经洪州（今江西南昌），参与阎都督宴会，即席作《滕王阁序》，序末附这首凝练、含蓄的诗篇，概括了序的内容。这首诗原附于《滕王阁序》后，序末"四韵俱成"一句中的"四韵"即指此诗。

　　此诗第一句开门见山，用质朴苍老的笔法，点出了滕王阁的形势。它位于今江西新建西章江门上，下临赣江，可以远望，亦可俯视，下文的"南浦"、"西山"、"闲云"、"潭影"和"槛外长江"都从第一句"高阁临江渚"生发出来。滕王阁的形势是如此优越，但是如今此阁有谁来游赏呢？想当年建阁的滕王已经死去，坐着鸾铃马车，挂着琳琅玉佩，来到阁上举行宴会，那种豪华的场面已经一去不复返了。第一句写空间，第二句写时间；第一句兴致勃勃，第二句意兴阑珊，两两对照。诗人运用"随立随扫"的方法，使读者自然地产生了盛衰无常的感觉。寥寥两句已把全诗主题概括无余。三、四两句紧承第二句而来，又加以充分发挥。亭阁无人游赏，阁内的画栋珠帘也极其冷落可怜，只有南浦的云和西山的雨，朝朝暮暮，日复一日地与它为伴。这两句不但写出了滕王阁的寂寞，也写出了滕王阁的居高和临远，情景交融，寄慨遥深。至此，诗人的意思已经全部包含，但表达方法上，还是比较隐藏而没有点醒写透，所以在前四句用"渚"、"舞"、"雨"三个比较沉着的韵脚之后，立即转为"悠"、"秋"、"流"三个漫长、柔和的韵脚，利用章节和意义上的配合，在时间方面特别强调，加以发挥，与上半首的偏重空间有所不同。"闲云"二字有意无意地与上文的"南浦云"衔接，"潭影"二字故意避开了"江"字，而把"江"深化为"潭"。云在天上，潭在地下，一俯一仰，还是在写空间，但接下来用"日悠悠"三字，就立即把空间转入时间，点出了时日的漫长，不是一天两天，而是经年累月，很自然地生出了风物更换季节、星座转移方位的感慨，也很自然地想起了建阁的人而今安在。这里一"几"一"何"，连续发问，表达了紧凑的情绪。最后又从时间转入空间，

指出物要换、星要移，帝子要死去，而槛外的长江，却是永恒地东流无尽。"槛"、"江"二字回应第一句的高阁临江，神气足备。

这首诗一共只有五十六个字，其中属于空间的有阁、江、栋、帘、云、雨、山、浦、潭影，属于时间的有日悠悠、物换、星移、几度秋、今何在，这些词混合在一起，毫无叠床架屋的感觉。主要的原因是它们都环绕着一个中心——滕王阁而各自发挥其众星拱月的作用。在历代吟咏滕王阁的诗作中，王勃的《滕王阁》诗可谓是最上乘之作。诗歌以凝练、含蓄的文字概括了序的内容，气度高远，境界宏大，与《滕王阁序》真可谓双璧同辉，相得益彰。

其实，关于这一首诗，还有一段有趣的小故事。相传王勃写完《滕王阁序》后，众人交口称赞。阎都督的女婿（相传有过目不忘的本事）被抢了风头，恼羞成怒，讥讽王勃的序文是抄袭自己的，《滕王阁序》是自己宿构的作品，王勃是偷背出来的。见阎大人和众士不信，其当众将《滕王阁序》一字不落地背了出来，众人皆是大惊，对王勃起了疑心。王勃一如往常的淡定，毫不惊慌，反问道："兄台过目不忘，令人佩服，但这首诗末尾还有序诗吗？"其人哑口无言，不能回答，只见王勃起身挥毫泼墨，文不加点，写下了一首序诗，就是著名的《滕王阁》诗。写罢，众人叹服，无不称赞其才能，相信《滕王阁序》确实是王勃所作。都督女婿羞报而退！这件事暂且不论真假，都是说明王勃的才华是惊人的，远在众人之上，确为一位才高八斗、学富五车的少年才子。

2. 第二类

自从"擅杀官奴"事发之后，王勃就彻彻底底地与官宦生涯斩断了关系。从其诗文来看，王勃在晚期是真真切切地有过一段

闲适恬淡的隐居生活的。他远离了纷乱的尘嚣，告别了狰狞罪恶的官场，置身于田园生活之中，山也清秀，水也温柔，柳树成荫，蝴蝶时舞，娇莺恰啼，花草遍布脚下，适逢阳光明媚的日子和寂静清幽的夜晚就饮酒自娱，吟诗作文。他在诗中多次提到与喝酒有关的字眼，"还持千日醉，共作百年人"（《春园》），"相逢今不醉，物色自轻人"（《林泉独饮》），"不知来送酒，若个是陶家"（《九日》），"边城琴酒处，俱是越乡人"（《他乡叙兴》）。看来作者在隐居时候是经常与酒为伴的，就像他的叔祖王绩那样嗜酒如命，一不小心就会喝醉，也许是借酒消愁，或许是单纯的喜好。他羡慕东汉末年的张衡和晋代的陶渊明，渴望像他们那样远离尘世的纷扰，归隐山林和家人一起耕耘收获，尽情地享受天伦之乐，以终余年。这类抒发闲适情趣的作品以《春园》《春庄》《春日还郊》《对酒春园作》《九日》《仲春郊外》和《郊兴》为代表，其中尤以《春日还郊》《郊兴》和《九日》为最。

先看《春日还郊》，其诗曰：

> 闲情兼嘿语，携杖赴岩泉。
> 草绿萦新带，榆青缀古钱。
> 鱼床侵岸水，鸟路入山烟。
> 还题平子赋，花树满春田。

很显然，这首诗是作者后期闲暇时候的作品。春日时节，阳光温暖，诗人赋闲在家，无事可做，于是拿着登山的手杖出去感受大自然的美，体验无事缠身的放松。山坡上绿草遍布整个山野，榆树上的榆钱一串一串，像古时候的铜钱一般垂挂在树上。

浅水处河床微微露出，小鸟在岸边的花草树木上嬉笑欢闹。诗人见此良辰美景，心情自然舒畅放松，这时他想到了张衡（张衡，字平子），据《后汉书·张衡传》记载，张衡曾做过太史令、侍中、河间相等职，他性情直率，敢作敢为，关心朝廷政事，心系天下苍生，在为官期间多次对朝政提出意见，后来遭到宦官的馋毁诽谤，无奈之下退守林泉，归隐田园，他曾作抒情短赋《归田赋》以抒写田园之美、隐逸之乐，反映了作者政治上受到打击之后的归隐情绪，因而创作了这首《春日还郊》。诗歌的首联、颔联、颈联和张衡《归田赋》中的名句"仲春令月，时和气清；原隰郁茂，百草滋荣。王雎鼓翼，鸧鹒哀鸣；交颈颉颃，关关嘤嘤。于焉逍遥，聊以娱情"所描写的自然风光如出一辙。诗人王勃也羡慕张衡的心态与行为，倾心于此，于是效仿了张衡，回归田野，怡神悦心，不愿再受世间俗事的困扰与纠缠，"还题平子赋，花树满春田"一句点名了主旨与思想。这首诗前六句写景，描绘了一派春日的田园景色：岩泉、绿草、榆钱，所看见的都是自然风光，并无什么不同，只是到了作者的笔下就焕发了不一样的生机与活力，别是一番韵味。尾联的两句"还题平子赋，花树满春田"表现主题，表现了作者对田园生活的无限欣羡之情和一丝淡淡的忧伤。总体说来，作者在这首诗中是有着丝丝忧伤的，或为身世遭际，或为理想破灭。

如果说《春日还郊》中还有一丝忧愁的话，那么诗作《郊兴》就纯粹是闲适情趣的体现，看不到忧伤，尽是欢乐。其诗曰：

空园歌独酌，春日赋闲居。
泽兰侵小径，河柳覆长渠。

雨去花光湿，风归夜影疏。

山人不惜醉，唯畏绿尊虚。

　　就整体而言，这首诗和《春日还郊》在语言、意境上是极其相似的，主要描写了春日郊外山林的风光。同样在阳光普照、气温合适的春天，诗人闲居在家，无事可为，就一个人漫步徘徊在空荡而又温馨、安静的小园子里，放眼看去，花草都蔓延地长到了清幽狭窄的小路上，远处的河堤上柳树成行，细长的枝条垂在河面上，在水中形成了倒影，煞是柔美秀丽。雨水过后，空气异常地清新，花朵也娇艳无比，唯一不足的是风吹过后树叶有所减少，显得不是那么的稠密了。诗人置身于此，饮酒赋诗，不辞长醉，其他的什么也不担心，只是忧虑在某一天的某一时刻会没有酒喝，但这种顾虑是在心情愉悦的基础上生发的一种对酒的热爱，丝毫不是纯粹的忧伤。所以，从整首诗来看，作者的心情是非常高兴愉悦的，在平静的环境下静心倾听鸟语，鼻嗅花香，一只手拿着酒杯，一只手挥毫泼墨，很是不亦乐乎！

　　总之，作者在旅途中写下身边的风景，也抒发着自己的思想与感情，写景真实，感情真挚，有着较高的艺术水准。

（三）羁旅思乡

　　故乡是每个人心中难忘的地方，她生了我们，也养育了我们，是心中的港湾。生活在其中，会温暖幸福；离开了，会对她很是想念，魂牵梦萦，仿佛心中丢了什么宝贝东西似的，空落落的。王勃是山西人，但是由于母亲去世得早，他和兄弟们是由父亲抚养成人的。他的父亲常年在外做官，王勃也随之常住在外，

后来经过刘祥道的举荐到了长安，这里就是他的第二故乡，他在这里做官，生活，对这里感情深厚，所以当他长时间不在这里的时候，他会写诗以表达对家乡和长安的思念。思念故乡也自然成了其诗歌的一个重要内容。据笔者统计，王勃诗歌中有十五首为思乡诗，占其诗歌总数的百分之十七。在这些思乡的诗歌中，以《麻平晚行》《临江二首》《羁游饯别》《羁春》最具代表性。此外还有《深湾夜宿》《他乡叙兴》《早春野望》《山中》《冬郊行望》《始平晚息》《焦岸早行和陆四》表达的也是思念家乡的感情。

先看《麻平晚行》，其诗曰：

> 百年怀土望，千里倦游情。
> 高低寻戍道，远近听泉声。
> 涧叶才分色，山花不辨名。
> 羁心何处尽，风急暮猿清。

这首诗的大意是：离家多时，身在千里之外的异乡，作者禁不住要回头眺望故土。失落之余，诗人倦怠了游山玩水的兴致。徒步在山中，寻找高高低低的戍道，远远近近地可以听到泉水流动的声音。山涧旁边的的草色丰富得让人眼花缭乱，枝桠上的花朵繁多得让人叫不出它们的名字。然而，作者的愁思不知何时才能停止。吹入耳朵的只有山涧的清肃的晚风和猿猴凄厉的啼叫。

"怀土"和"倦游情"这样的词是典型的羁旅思乡的象征。诗人运用"百年"和"千里"这样的时间和空间交织进行的搭配，使得愁绪不仅仅弥漫在纸页上，更是充斥在整个空间里，并且随着第四维时间的推移而更加的浓重，我们仿佛回到了那个特定的

时间和地点，看到诗人的衣带正在随风飘动，感觉到诗人的思绪刚刚开始。"百年"和"千里"，又运用了夸张的手法，烘托了氛围。

王勃是非常渴望从戎报国的。在《滕王阁序》中，他说："无路请缨，等终军之弱冠；有怀投笔，慕宗悫之长风。"柳宗元的《小石潭记》中有一段极其别致的描写："隔篁竹，闻水声，如鸣佩环，心乐之。伐竹取道。"然而在此诗中，无论是心中的渴望还是自然的美景都无法吸引诗人，高低错落如何，远近鸣环又如何，作者在这里只是对它们作了粗略的带过，并未详细描述。

山涧的树叶繁密到无法细分其颜色，山花也无法辨别其名字。按理说，这已经是迷花倚石的境界了。然而，即使见到了这样仙境一般的景色，现在也仅仅是诗人羁旅之心的反衬了。诗中的"才分色"和"不辨名"，是不着一色，而写尽风流。其妙处类似于希腊神话中，征战十年怨声连连的士兵看到海伦之后，心甘情愿地为其卖命。面对如此美景，诗人只道，我的愁思到哪里才会结束。言下之意就是思念故乡并且要还乡。独在异乡，那种孤独和凄凉，朝朝暮暮都会浮现和膨胀起来。尾联两句"羁心何处尽，风急暮猿清"，和郦道元《水经注》中的语句"林寒涧肃，常有高猿长啸，属引凄异。空谷传响，哀转久绝。故渔者歌曰：巴东三峡巫峡长，猿鸣三声泪沾裳！"如出一辙，意境、韵味几乎完全相同，凄凉，悲伤，渺茫。

其次，《临江二首》也是王勃思念家乡的优秀作品，其诗曰：

泛泛东流水，飞飞北上尘。

归骖将别棹，俱是倦游人。

　　去骖嘶别路，归棹隐寒洲。
　　江皋木叶下，应想故城秋。

　　从诗歌的表面可以得出，这是作者在南方游历的时候所写的，而且是在秋天，应该是客居巴蜀之时。从诗歌中的"归骖将别棹，俱是倦游人"可以看出，这是出门在外的作者和同样来到异乡的朋友在相聚之后又不得不离开的场景下写的，是为了送别要离开的好友而写。

　　诗人也许是和友人在南方相处了一段时间，在这段时间里两人应该是非常愉悦的，但好景不长，由于种种原因，友人要离去了，作者来到江边送别他，在这个凄清寒冷的秋天，树叶黄了，纷纷落下，随风飘散在半空中，作者骑着马停在江的北岸，友人乘船即将离去，这由"去骖将别棹"可以看出。同样身在异乡，仕途坎坷，作者的心情可想而知，好不容易遇上了好友，相聚时日短暂就要离去，心情会更加地失落，友人乘船向东驶去，作者目送良久方才离去，看到纷纷而下的落叶，作者也想到了"故城"，也许是家乡，也许是长安，"故城"在这个时候也应该是清冷、悲苦的秋天吧。

　　流水、马匹、兰棹和船舟这些字眼都是送别诗中常用的，作者在这两首诗中也未能免俗。"泛泛东流水"一句，来自"建安七子"之一的刘桢，他在《赠从弟》三首中的第二首中写道："泛泛东流水，磷磷水中石。"其本意是描写自然环境以赞美"苹藻"高洁、坚贞的品性来勉励堂弟，亦以自勉。王勃在送别友人时借用了这句话，并没有赞扬自己或者朋友的意思，只是单纯地描写环境，来烘托送别友人时的凄清、灰暗的氛围和依依不舍的感情。放在这种环境下，显得合情合理、恰到好处，并不会因其借用而显得生硬呆板。

此外，"江皋木叶下"一句也是有出处的，它直接化自南朝梁柳恽的名作《捣衣诗》，诗中有这么两句："亭皋木叶下，陇首秋云飞。"而柳恽又化自《楚辞·九歌·湘夫人》中的"袅袅兮秋风，洞庭波兮木叶下"。这是柳恽写闺妇愁思的一首名作，其中的这两句佳句更是为人称道，当同时代的著名诗人王融看到这两句诗时，对其赞赏不已，据《梁书·柳恽传》中记载："恽少工篇什，为诗云：'亭皋木叶下，陇首秋云飞。'王元长（融）见而嗟赏。"可见它在当时就被视为名句警言了。它由眼前树叶纷落的场景想到了北方边塞之地的陇首一带，此刻也是秋云飘飞的时节了，想象中含有无限的思念与体贴。"秋云飞"的意象，不但点名了秋季，而且象征着游子的漂泊不定。王勃在这里化用此句也是为了衬托离别的心情，营造一种适合离别的场景与氛围。

另外，王勃还有一首著名的五言绝句《羁春》，抒发的也是思乡之情，虽然篇幅简短，但却韵味横生，朗朗上口，别有一番味道。其诗曰：

客心千里倦，春事一朝归。还伤北园里，重见落花飞。

从标题就可以看出，作者客居在异乡。这首诗也是诗人在外地所作的，主要写作者远离家乡，客居异地，深深地感受到了羁旅漂泊的痛苦，"客心千里倦"，正值春天，春花盛开，作者看到了北园里的落花飞舞，感触很深：见到了落花，哀叹自己的飘零，像一支无根的浮萍，空荡地浮游于天地之间，毫无根基。本诗借景抒情，自然真切。遣词造句，平白明快，毫无堆砌重叠之嫌。"重见落花飞"说明时间又过了一年，自己漂泊在外的日子也很久了，花开花落又是一年，作者心底不免思念起了故乡。

总之，王勃因仕途坎坷而常年漂泊在外，遇上家乡的好友会想念故乡，看到花谢花开也会生发对故乡的思念，那时的作者，神经是极其敏感的，也是十分脆弱的，容易联想到与看到的现象有关的种种场景、情绪，这就造就了他的思乡诗，思念故乡也自然而然地成了他的诗歌主要内容的一个不可或缺的方面。

（四）闺妇思夫

古时候，由于征兵的缘故，大量年轻劳动力被强制从军打仗，许多年不许回家探亲，家中的妻子独守居家，日夜孤单，她们时时刻刻思念远方征戍守边的丈夫，独居家中的少妇为外出打仗的丈夫制作衣服以寄托相思之苦。捣衣需用捣衣杵和砧石，也会用到与婚配紧密相关的鸳鸯、莲花、莲藕及与通讯有关的关山、道路、音信、兰棹等词眼。

唐代前期的战争不计其数，有与少数民族的，也有对外族的，如唐朝与突厥的战争就很频繁，据史书记载，唐高祖武德三年至唐太宗贞观四年（620年—630年）唐王朝与突厥发生了第一次战争，其结果是东突厥汗国灭亡，其地被并入了唐朝。太宗贞观十六年至唐高宗显庆二年（642年—657年），唐王朝与突厥第二次战争，结果是西突厥汗国灭亡，其地并入唐朝。高宗调露元年至玄宗开元九年（679年—721年），唐王朝与突厥进行了第三次战争，结果是西突厥叛乱被平定，东突厥遗民成功复国，成为北方大患。玄宗天宝元年至四载（742年—745年），唐又与突厥发生了第四次战争，结果后突厥汗国灭亡，回纥汗国臣服于唐朝。在这短短的百年间，唐王朝仅仅与突厥就发生了四次极大规模的战争，每次战争都是"伏尸百万，流血千里"（《战国策·魏策四》）。几乎与此同时或先后，唐王朝还与吐谷浑、朝鲜半岛、吐蕃、契丹、大食、突骑施、南诏、回纥等少数民族共发生过不少于三十次的大大小小的战争，结果虽胜多负少，但受苦难的还是百姓。战争给百姓造成了巨大的灾难，百姓妻离子散，家破人亡，对此唐诗多有记载。如唐代著名诗人卢照邻的《战城南》就是描写战争的惨烈，将士的骁勇、紧张和悲壮，其诗曰："将军出紫塞，冒顿在乌贪。笳喧雁门北，阵翼龙城南。雕弓夜宛转，铁骑晓参驔。应须驻白日，为待战方酣。"通过赞颂汉军将士讨伐匈奴的英勇顽强精神，表达诗人的爱国热情和建功立业的渴望。王勃死后不久，就发生了著名的徐敬业讨伐武则天，双方都损失惨重。

王勃也有描写战争的诗歌，只是他的角度与传统的直接描写战争状况惨烈不同，他是通过闺中怨妇的孤苦无依与思念丈夫来间接控诉战争的贻害无穷，这方面以《秋夜长》和《采莲曲》为代表。这两首诗歌属于乐府民歌，被宋代郭茂倩收录在了《乐府诗集》中的《相和歌辞》里。

先看《秋夜长》，其诗曰：

秋夜长，殊未央，月明白露澄清光，层城绮阁遥相望。遥相望，川无梁，北风受节雁南翔，崇兰委质时菊芳。鸣环曳履出长廊，为君秋夜捣衣裳。纤罗对凤皇，丹绮双鸳鸯，调砧乱杵思自

伤。思自伤，征夫万里戍他乡。鹤关音信断，龙门道路长。君在天一方，寒衣徒自香。

《秋夜长》描写的是一个闺妇为她出征的丈夫赶制寒衣的事情，把一个闺妇的愁思写得真切动人、入木三分："鸣环曳履出长廊，为君秋夜捣衣裳。纤罗对凤皇，丹绮双鸳鸯，调砧乱杵思自伤。思自伤，征夫万里戍他乡。"意思是说：那寒冷的冬天就要降临了，这个闺妇夜里翻来覆去无法入眠，便穿着鞋子起来为出征的丈夫准备寒衣。可对远戍他乡的丈夫的无限思念，使她胡乱地调转着捣衣石上的衣裳，而无节奏地用捣衣棒去捶打它。"鹤关音信断，龙门通路长，君在天一方，寒衣徒自香。"这几句意思是说：可寒衣虽然准备妥当，这龙门戍地的道路却又很长很长，你在天的那一边，我在天的这一边，这寒衣怎么能送到你的手中呢？只好让它搁在那儿独自地散发熏烤的香味了。全诗到了这里戛然而止，那不尽的愁思，那远戍他乡征人的悲苦，只好留给读者去玩味、去揣摩了。这样能够收到言有尽而意无穷、意有尽而情无限的效果。表面上看是诗人对一种"纤罗对凤皇，丹绮双鸳鸯"的人为分离而寄予无限的同情，实际上是作者对唐统治者发动对外扩张的非正义战争的谴责与抗争。我们不难看出，作者善于吸取《诗经》《汉乐府》民歌中的精华，但比较而言，表现的感情更为细腻，更能打动读者的情思。可以想象，作者是和着泪水写这首诗的，只不过，他把眼泪洒在了诗篇之外罢了。从诗人记事起，唐王朝就无休止地进行对外进行武力征伐。据史书记载，公元668年，唐高宗李治兴兵讨伐西突厥，擒沙博罗可汗；公元661年又讨伐百济，灭掉了百济国，并击败了日本的援兵；接着又征高丽，擒高丽王高藏。作者十五岁那年，即上书右相刘祥道，抨击唐王朝的侵略政策，即著名的《上刘右相书》。该文中说："伏见辽阳求靖，大军频进，有识寒心，群黎破胆。……辟地数千里，无益神封；勒兵十八万，空疲常卒……飞刍挽粟，竭淮海之费……图得而不图失，知利而不知害，移手足之病，成心腹之疾。"这种反侵略、反扩张的思想在当时是十分难能可贵的，作为诗人，王勃把这种思想反映在他的作品中是理所当然的。可以说，《秋夜长》是诗人作品中反映现实最深刻的诗篇之一，把这首诗放在初唐诗坛这样一个特定的背景中来分析、来评价，不难看出作品反映现实的深度。

同时，我们也不难看出，王勃的这首诗歌是深深地受到了曹丕《燕歌行》和温子昇《捣衣》诗的影响的，可以毫不夸张地说，王勃《秋夜长》是把《燕歌行》和《捣衣》打碎之后又重组的结合体，其中的词语和感情、意境很是相近。试看两首诗：

秋风萧瑟天气凉，草木摇落露为霜。群燕辞归雁南翔，念君客游多思肠，慊慊思归恋故乡，君何淹留寄他方？贱妾茕茕守空房，忧来思君不敢忘，不觉泪下沾衣裳。援琴鸣弦发清商，短歌微吟不能长。明月皎皎照我床，星汉西流夜未央。牵牛织女遥相望，尔独何辜限河梁？（《燕歌行》）

长安城中秋夜长，佳人锦石捣流黄。香杵纹砧知近远，传声递响何凄凉。七夕长河烂，中秋明月光。蠮螉塞边绝候雁，鸳鸯楼上望天狼。（《捣衣》）

王诗中的"秋夜长"、捣衣杵、砧石，温诗中也有；王诗"为君秋夜捣衣裳"与温诗"佳人锦石捣流黄"意境相似；王诗中的"秋夜长，殊未央，月明白露澄清光"与曹诗中的"秋风萧瑟天气凉，草木摇落露为霜"意思相近，"北风受节南雁翔"与"群燕辞归雁南翔"又如出一辙，"秋夜长，殊未央"与"星汉西流夜未央"又相近相似……可以看出，王勃创作的这首诗受到曹诗、温诗的影响是相当大的。

此外，王勃还有一首描写闺妇思夫的诗作《采莲曲》，也是他这方面最具代表性的作品，其诗曰：

采莲归，绿水芙蓉衣。秋风起浪凫雁飞。桂棹兰桡下长浦，罗裙玉腕轻摇橹。叶屿花潭极望平，江讴越吹相思苦。相思苦，佳期不可驻。塞外征夫犹未还，江南采莲今已暮。今已暮，采莲花。渠今那必尽娼家。官道城南把桑叶，何如江上采莲花。莲花复莲花，花叶何稠叠。叶翠本羞眉，花红强如颊。佳人不在兹，怅望别离时。牵花怜共蒂，折藕爱连丝。故情无处所，新物从华滋。不惜西津交佩解，还羞北海雁书迟。采莲歌有节，采莲夜未歇。正逢浩荡江上风，又值徘徊江上月。徘徊莲浦夜相逢，吴姬越女何丰茸。共问寒江千里外，征客关山路几重。

《采莲曲》，《全唐诗》在题后写道："乐府作《采莲妇》。"上元二年（675），王勃前往交趾探望父亲王福畤，途经江南时写下了这首著名的《采莲曲》，《采莲曲》虽是乐府的曲名，也袭用乐府旧题，写的却是江南农村的真实生活。莲即荷花，诗歌通过对采莲女子的形象塑造和心理刻画，表现出她们对征夫的深切思念和无限的幽怨。诗人热情赞美和平宁静的劳动生活，对劳动人民所承受的战争苦难寄予深深的同情。

这是一首以七言为主的叙事诗，按情节的发展，大致可以分为三个大的段落。

第一部分："采莲归，绿水芙蓉衣"，全诗采取倒叙手法，这实际上是故事的结尾。采莲女子采莲归来了，池水打湿了衣裙，芙蓉指的不仅仅是荷花，梁元帝的《采莲曲》写道："莲花乱脸色，荷叶杂衣香。"芙蓉应该说既指荷花，又指采莲女子的俊美清秀的脸颊。"绿水芙蓉衣"，在读者眼前所浮现的也正是面如莲花、衣杂荷叶香的动人画面。这个开头虽然短小但却精彩，有着高度的艺术概括力。

第二部分：从"秋风起浪凫雁飞"句起，到"还羞北海雁书迟"句止，为此诗的主要叙事部分。这一大段中又可分为几个小层次。首先，"秋风起浪凫雁飞，桂棹兰桡下长浦，罗裙玉腕轻摇橹"，点出了时间、地点和人物。在秋风吹起层层小浪花的溪流里，采莲女子驾着小舟轻盈地向莲塘驶去，受惊的野鸭、雁儿闻声阵阵飞起。生活如平静的水面一般平静、美好，其实那"秋风起浪凫雁飞"，已经激起了她内心情感的涟漪，使她久久不能平静。其次，"叶屿花潭极望平，江讴越吹相思苦。相思苦，佳期不可驻；塞外征夫犹未还，江南采莲今已暮"，可为第二个层次，先写采莲女子极目远眺，只见绿的叶、红的花，真是一派"接天莲叶无穷碧，映日荷花别样红"的景象，这景致还是和从前的一样，但物是人非，岂能不令人感慨万千！舟儿渐行渐近，莲塘里飘来了歌声，越来越清晰，每一声诉的都是相思的苦情。目睹与耳闻，使采莲女子的心中掀起了层层的波浪：美好的日子不会久

留。她思念，她怨尤："塞外征夫犹未还。""犹"字很有分量，表达了离别之久、相思之切和怨尤之深。"江南采莲今已暮"，既有写实也兼比兴，意思为光阴易逝，就像采莲一样，转瞬就到黄昏；人生短暂，倏忽就到迟暮。这里通过对采莲女子相思之苦的描述，揭开了和平宁静的生活的表象，使人洞见处于太平盛世的劳动人民的真实的悲苦的一面。可以想象，生活在富饶美丽的江南女子，若不是对外战争使夫妻分离，她的生活本应是幸福美满的。第三，"今已暮，采莲花。渠今那必尽娼家。官道城南把桑叶，何如江上采莲花"为第三层意思，写采莲女子对征夫表白自己忠贞的爱情和对征夫的贴心安慰。主要是说她既不会像娼妇对待浪荡子那样对待他，也不会像秦罗敷那样有碰到使君纠缠的麻烦。她虽被思念所折磨，性格却很豁达、坚强。第四，"莲花复莲花，花叶何稠叠。叶翠本羞眉，花红强如颊"，此为第四层，写采莲女子在采摘莲花时，将自己与花相比。荷花开得那么稠密，并蒂连枝且有绿叶相伴，再看看自己，却是形单影只，孤独无奈。采莲女子在对自己的美貌自我欣赏，自我陶醉。"女为悦己者容"，人儿虽美却无人欣赏，于是欣赏与陶醉之中，悲辛、懊丧也与之俱来。最后，"佳人不在兹，怅望别离时。牵花怜共蒂，折藕爱连丝。故情无处所，新物从华滋。不惜西津交佩解，还羞北海雁书迟"，这最后一层是写采莲女子叹息红颜不能长驻。她自矜青春美貌，又自怜形单影只。她的心上人不在身边，青春不能常葆，待丈夫归来青春或许已不再，不由得望着他们分别的地方惆怅、感伤，回忆起从前"牵花怜共蒂，折藕爱连丝"的情景，那旧时的甜情蜜意的痕迹已经难觅，眼前是一片新的花枝。物换景移了，而我的那颗心却依旧没变。"不惜西津交佩解"，是反用郑交甫遇仙女的典故，说明虽然饱受相思，她与征夫的爱情至今也不后悔。而她对丈夫的迟迟不来信却感到不满。她不忍心责备丈夫不给自己写信，只说"北海雁书迟"，这里用的是苏武的典故，意谓路途遥远，音书不能早日顺利到达。但采莲女似乎丝毫不认为丈夫不给自己来信，意味着可能负伤或战亡，于是她抱着美好的希望在等待着。这段诗可以说是采莲女子的内心独白。从这段独白里可以看出她的心地是多么的光明、纯洁与善良。

　　第三部分："采莲歌有节，采莲夜未歇。正逢浩荡江上风，又值徘徊江上月。徘徊莲浦夜相逢，吴姬越女何丰茸。共问寒江千里外，征客关山路几重。"这是诗歌的结尾部分。前四句描写秋夜的江畔莲塘的景象：明月当空照，清风吹拂着广阔的江面，水波粼粼泛着银白色的光。莲塘里传来阵阵歌声，采莲女们尚未歇息。后四句主要写前来游览的游客与众采莲女子相遇，目睹她们互相询问对方征夫的情况。这一群漂亮、纯洁的采莲女子，正收拾舟楫准备回家去，尽管等待她们的是独闺空帏。诗的末尾虽然气氛欢快，但却隐含着淡淡的忧伤。

　　王勃的这首《采莲曲》内容充实而又生动，语言优美而又清新，韵律和谐而又婉转，是一首富于现实主义精神的优秀诗篇，艺术成就很高，受到了明清著名评论家的高度赞颂。明代张逊业在《校正王勃集序》中说："论曰：'王子安富丽径捷，称罕一时，赋与七言古诗，可谓独步。'"明末清初文学家、"西泠十子"之一的毛先舒在《诗辩坻》中评说："王子安七言古风，能从乐府脱出，故宜华不伤质，自然高浑矣。"清代著名词论家贺裳《载酒园诗话又编》也评价它说："末叙暮归曰：'正逢浩荡江上风，又值徘徊江上月。徘徊莲浦夜相逢，吴姬越女何丰茸。共问寒江千里外，征客关山路几重。'不特迷离婉约，态度撩人。结处尤得性情之正。"从整首诗的语言、韵律、意境等各方面来看，本首诗的构思精巧而又独到，诗人既善于描绘典型的形象，又长于进行高度的艺术概括，使得诗歌所反映的社会问题既有深度又有广度，不失为一篇具有极高艺术水准的优秀诗作。

值得注意的是，王勃的这首《采莲曲》与《乐府诗集·杂曲歌辞》中的抒情长诗《西洲曲》在某些方面是很相似的，王诗极有可能就借鉴了其中的语词与意境。《西洲曲》是南朝乐府民歌中的名篇，也是乐府民歌的代表之作。其诗曰：

忆梅下西洲，折梅寄江北。单衫杏子红，双鬓鸦雏色。西洲在何处？两桨桥头渡。日暮伯劳飞，风吹乌臼树。树下即门前，门中露翠钿。开门郎不至，出门采红莲。采莲南塘秋，莲花过人头。低头弄莲子，莲子青如水。置莲怀袖中，莲心彻底红。忆郎郎不至，仰首望飞鸿。鸿飞满西洲，望郎上青楼。楼高望不见，尽日栏杆头。栏杆十二曲，垂手明如玉。卷帘天自高，海水摇空绿。海水梦悠悠，君愁我亦愁。南风知我意，吹梦到西洲。

《采莲曲》和《西洲曲》同样都写青年女子的相思之情，中间穿插着女主人公的活动、服饰及仪容的点缀，一层一层地揭示人物内心的情思，将那种无尽的相思表现得极其细腻而又委婉，声情兼备，余味无穷。

（五）其他

其实，王勃的诗歌除了上面提到的怀人送别、游赏纪行、羁旅思乡、闺妇思夫这四种主要题材之外，还有多方面的内容，只是每一种的作品很少，没有以上的四种内容显明。

1. 追述祖先的踪迹，表达对自身处境的惶恐和无奈，尤其是对自己不能履行孝道充满自责和愧疚的颇具自传或家谱性质的《倬彼我系》（"倬彼我系，出自有周"）。《全唐诗》在这首诗的题后写道："《倬彼我系》，舍弟虢州参军勃所作也。伤迫乎家贫，道未成而受禄，不得如古之君子四十强而仕也。故本其情性，原其事业，因陈先人之迹，以议出处，致天爵之艰难也。勃兄励序。"由王勃的哥哥王励的这段话可知，这首诗是王勃在任虢州参军时写作的。

此诗为四言古体诗，是诗人对自己早年未冠就出仕进行的反省。在这首诗里，王勃先是追述了祖先的踪迹：出自于周，居于卫而仕于宋，后居于太原，又迁于河曲汾浦。中间部分主要写祖先的文学修养和优秀品质。后半部分是表达对自身处境的惶恐和无奈，尤其是对自己不能履行孝道充满深深的自责和愧疚，"从役伊何，薄求卑位。告劳伊何，来参卿事。名存实爽，负信愆义。静言遄思，中心是愧"。

2. 描写今非昔比、繁华不再，抒发物是人非的慨叹。这方面的代表作是《临高台》（"临高台，高台迢递绝浮埃"）和《铜雀妓二首》（"金凤邻铜雀，漳河望邺城"）。

在第一首诗中，作者主要是对唐王朝统治者的奢侈豪华、荒淫无耻的生活予以揭露和抨击。它从多方面展示了唐王朝建国以来的盛况，最后刻画了统治者卑鄙丑恶的灵魂。特别是最后两句："君看旧日高台处，柏梁铜雀生黄尘。"诗人告诫统治者说："请你们看一下过去的高台吧，柏梁台也好，铜雀台也罢，都已是

灰尘满面、沦为废墟了。"这里不仅指出了唐统治者的荒淫无耻，也预示着唐王朝必然灭亡的历史规律。今昔对比，感情强烈。

《铜雀妓二首》是为了借古喻今，针对当时幽深的宫廷生活有感而发的，通过生动的形象生发对历史事实的评价，借曹事以讽唐。同时也描写了历史上铜雀台歌妓的凄苦生活和悲惨命运，贯穿着作者对深宫歌妓不幸遭遇的深厚同情，进一步对腐朽的唐王朝进行无情的讽刺与揭露。

3.描写自己的抱负，希冀拯救时局、肃清污浊的《咏风》（"肃肃凉风生"）。宋玉的《风赋》云："夫风者，天地之气，溥畅而至，不择贵贱高下而加焉。"此篇所咏的"凉风"就具有这种平等普济的美德。诗人以风喻人，托物言志，着意赞美风的高尚品格和勤奋精神。风不舍昼夜，努力做到对人有益，"驱烟寻涧户，卷雾出山楹"。作者在赞美风的同时，也表达了自己要像风一样肃清世间的污浊的豪情壮志，其实作者是有着建功立业、济世救民思想的，他在《滕王阁序》中写道："无路请缨，等终军之弱冠；有怀投笔，慕宗悫之长风。"在这篇《咏风》中就是借风咏怀，寄托他的"青云之志"。

4.爱情诗。王勃诗集中有且仅有一首描写爱情的诗歌，即《河阳桥代窦郎中佳人答杨中舍》。其诗曰：

> 披风听鸟长河路，临津织女遥相妒。判知秋夕带啼还，那及春朝携手度。

题目中的"窦郎中"、"杨中舍"具体指谁已不可考。从题目字面看，这是一首代人作答诗。在这首诗中，作者以织女相妒表现两人曾一起赏玩自然景色的甜蜜，以秋夕带啼不如春朝携手来表现及时相会的心情。反衬、对照手法的运用，使得诗作情真意切，感人至深。

综上所述，王勃诗歌中包含着丰富多彩的内容：怀人送别，游赏纪行，羁旅思乡，闺妇思夫，以及政治、爱情等，它们一起组成了王勃诗歌的主要内容，并且每一类诗歌都是那么的真情真意，感情真挚而强烈。

三、王勃诗歌的艺术特色

王勃的诗歌内容丰富，每一类诗歌皆有寄托，在语言、风格、意象、体裁等各个方面都有着自身的特色，这些艺术特色一起交织成了王勃的那些感情真挚、对仗工整、韵味十足的诗歌作品。下面，笔者就对王勃诗歌的艺术特色作一个简要的概括。

（一）清新精炼的语言

文学作品中的语言往往是作家内心精神的直接体现，它与作家的内心密切相关，诗人喜欢使用什么样的语言、句式，都和作家独特的创作个性紧密相连，就像刘勰在《文心雕龙·练字》中说的那样："心既托声于言，言亦寄形于字。"王勃诗歌中的语言是清新秀丽、工整简练的，句式也是不拘一格的，这两者共同组成了其诗歌语言的独特的表达形式。

王勃绝大部分诗歌的语言是自然朴素而又清新秀丽的。他不太爱用那些华丽富态的词语，这和他的生活经历、个人性格都是很有关系的。不管是怀人送别、游赏纪行，还是羁旅思乡、闺妇思夫的题材，他都是从心底最真实的感觉写来，几乎不用华丽的辞藻和夸张的手法，只用白描和记叙，简洁凝练，毫无精心锤炼的痕迹，是那么的质朴无华、清新自然。如他那首最著名的离别诗《送杜少府之任蜀州》即是如此。在语言上毫无修饰可言，平淡无奇，只是多了几分壮阔，像诗歌中的"城阙"、"风烟"、"离别"、"宦游"、"知己"、"天涯"、"儿女"等词语都是生活中极其平常的字眼，质朴得不能再质朴了。清新、自然、朴素，却能够传达出震撼人的心灵的情感力量。

在句式上，王勃的诗歌也是不拘一格、变化多样的。有时在一首诗中就能有多重句式，如《采莲曲》，其中有三字句、五字句、七字句几种句式，而且有时候它们是交叉使用的。如开篇就是"采莲归，绿水芙蓉衣。秋风起浪凫雁飞。桂棹兰桡下长浦，罗裙玉腕轻摇橹。叶屿花潭极望平，江讴越吹相思苦。相思苦，佳期不可驻"。先是三字句，接着是五字句，再继之以七字句；五个七字句之后又是三字句、五字句。这样的句式是自由、不受束缚的，使得诗歌读起来参差错落，在表达感情上也是自由、充分的。

（二）明丽、开阔的意象

意象，包括两大元素：意和象。意谓心声心意，即作者的内心情感与活动；象指外物、物象，自然界的万物生灵。因此，意象即指心与物、情与景的融合体，是熔铸了作者思想感情的语言艺术形象，承载着作者的苦乐悲喜。王勃诗歌中的意象绝大多数都是色彩明丽和开阔壮大的，这在一定程度上反映了作者在不同时期的不同心态。

首先，王勃在诗中喜欢使用明丽鲜亮的意象，如春天、花

朵、月亮、小草、溪水等。尤其是春天，这个万物复苏的季节，大自然的万物都要重生，人的心灵也需要春天，它焕发出勃勃的生机和满满的希望。据统计，王勃在诗歌中使用到的"春"字多达二十多处，诗人不厌其烦地描写春风、春泉、春田、春草、春湖、花丛、花枝、花树、花香、花柳等春天的景物。这些美丽、温馨、亲切的景色能够让人看到无限的生机和希望，能够消除作者心头的创伤，如描写春天的《仲春郊外》：

> 东园垂柳径，西堰落花津。
> 物色连三月，风光绝四邻。
> 鸟飞村觉曙，鱼戏水知春。
> 初转山院里，何处染嚣尘。

从题目就可以知道，这首诗是描写了春天郊外的一片大好风光，有垂柳、河堤、渡口、飞鸟、游鱼、春水和农园等一些意象，它们都清新可人，带给了诗人无限的美好感受。雨后大地，由于心中沾染了雨而杂念俱消，心静神往，诗人的心境是平静淡然的。

另外，王勃诗歌中还有一些较为开阔壮观的意象，如山峰、大江、白云等。其中，"山"出现了四十多次，"江"出现了三十多次，"云"也有二十几次。作者使用这些壮阔的意象，表明了他想追求一种开阔的气势，希望传达一种乐观向上、积极进取的精神。如《江亭夜月送别二首》的第一首：

> 江送巴南水，山横塞北云。津亭秋月夜，谁见泣离群。

这首诗虽然是描写离愁，但却是将这种悲情放在了这种辽阔的情境下，显得很有力量，也很壮阔，有"巴南水"、"塞北云"，也有江和山，气势壮观，背景宏大。在其他作品如《滕王阁诗》《早春野望》中也有白云、江水和高山的意象，眼界开阔，气势高昂。类似的作品不胜枚举，此处不再赘述。

（三）多种多样的体裁

王勃虽然仅有八十多首诗歌，数量不是太多，但其诗歌的体裁却是多种的。有四言古诗，如《倬彼我系》；五言古诗，如《三月曲水宴得烟字》《泥溪》《怀仙》；七言古诗，如《滕王阁诗》；杂言古诗，如《临高台》《采莲曲》《秋夜长》《江南弄》等；五言绝句，如《羁春》《林塘怀友》《山扉夜坐》《春游》《春园》《林泉独饮》《登城春望》《九日》《山中》等；七言绝句，如《秋江送别二首》《蜀中九日》《寒夜怀有杂体二首》《河阳桥代窦郎中佳人答杨中舍》等。

然而，王勃诗歌中最具有代表性，同时也最能体现其诗歌艺术成就的是他最擅长的五言律诗。据笔者统计，王勃诗集中的五言律诗共有35首，占其诗歌总数的近五分之二。可以毫不夸张地说，王勃的五言律诗是其诗歌的主体，也可以说，唐代到了王勃和杨炯，才有了真正意义上的五言律诗。王勃的五律大部分已经合律，如《送杜少府之任蜀州》《别薛华》《重别薛华》《郊兴》《郊园即事》《观佛迹寺》《秋日别王长史》等，基本上都是合律的，个别有失粘的情况，但只是极少数而已；而且在内容上也更加地纯正了，实现了描写场景和题材从宫廷台阁走向了市井和塞

外的转变，尤其在羁旅送别诗中，透出了一种极为慷慨的抱负和英雄的杰气，使得五言律诗的格调变得强大了起来。其后，与"初唐四杰"同时或稍晚的沈佺期、宋之问等人进一步把五言律诗一锤定音，把五律推向了成熟。他们在诗律方面精益求精，约句准篇，除了要求每一句的轻重、平仄之外，还讲究上一联的对句和下一联的出句必须平仄相粘。元稹《唐故工部员外郎杜君墓系铭并序》中说得准确："唐兴，官学大振，历世之文，能者互出。而又沈、宋之流，研练精切，稳顺声势，谓之为律诗。"到了沈、宋，五言律诗终于定型了，也才有了律诗的称号。在这过程中，王勃的功劳是很大的。

（四）壮阔、清新的风格

　　风格是一位作家在其作品中表现出来的带有稳定性的特点，是一位作家艺术上创作成熟的表现。文学的风格从整体上来看，可以分为两种，即豪放与婉约。王勃的诗歌大体上也可以分为两类，即昂扬壮阔与清新平淡。当然，风格的形成除了与自身的天性、经历有关之外，还与当时的整个大时代背景紧密相关。刘勰在《文心雕龙·时序》中说道："文变染乎世情，兴废系乎时序。"唐朝是大一统的王朝，在建国之初，政治清明，经济繁荣，文化昌盛，各方面都得到了前所未有的突飞猛进。唐代尤其是唐初的士大夫都对人生持一种积极进取的态度，一种开阔的胸怀和恢宏的气度。他们表现出了极其强烈的参与政治、关心现实的热情，这都对文学的创作产生了很大的影响；当时的文坛浮艳绮靡，死气沉沉，为了扭转这一风气，也不排除作者故意为之之嫌。

王勃的一些诗歌就表现出了昂扬壮阔、积极向上的面貌。他多次描写祖国的大好河山，有时努力选择开阔壮观的背景，不管要表达的情感是喜还是悲，总能营造出一种昂扬壮阔的精神。如《别薛华》，虽作于他政治上受打击之后，又要送别朋友，心情应该是极其低落的，但他却呈现的不是那种离别的涕泪沾巾，而是化解了离别黯然伤神的感伤情绪，呈现的也是壮阔的背景。此外，《滕王阁诗》也是如此，将古今盛衰进行对比，抒发的是一种悲情，但作者却把它放在一个有山有水、辽阔壮大的背景下，这样，悲情也显得是那么的豪放、壮烈。

元代辛文芳《唐才子传》说王勃的诗文"绮丽"，明人陆时雍在《诗镜总论》中说王勃的诗歌"高华"，明人张逊业在《校正王勃集序》中说他"富丽"。总之，他们所说的有一个共同点，就是"丽"。王勃的这种风格在他描写春景的诗作中表现得尤其明显，这类诗歌表现出的是明朗清新的风格，如《林塘怀友》：

芳屏画春草，仙杼织朝霞。何如山水路，对面即飞花。

"芳屏"、"春草"、"仙杼"和"朝霞"都是一些极其明丽美好的事物，美丽的屏风上画着春天的花草，仙女的机杼上织着早晨的云霞。这在常人眼中已经够美了，但作者竟说它们还不如山水路对面的迎面飞舞的花草好看。可见，作者对大自然的风光是极其喜爱的，他把对它的无限喜爱之情毫不掩饰地表现了出来。语言清新鲜明，风格清新可人。此外，他还有一些诗歌如《春园》《登城春望》《春日还郊》等也是清新自然的，无论感情悲喜，都写得清新雅丽，富有情致。

总而言之，王勃的诗歌在语言、意象、体裁、风格等各个方面都有着自身的特色。这些元素一起交织成了作者的那些感情真挚、合乎韵律、韵味十足的诗歌作品。

第三章　王勃的散文

　　王勃除了创作大量的诗歌外，他还写有数量不少的散文。当然这里说的散文是广义的，是指"既包括诗歌以外的一切文学作品，也包括一般科学著作、论文、应用文章"（童庆炳主编《文学理论教程》）。

　　《全唐文》卷一百七十七至一百八十五收录的是王勃的文章，共九卷，九十五篇，其中辞赋十二篇，各类应用文体八十三篇。另有罗振玉从日本抄录的王勃佚文二十四篇，加在一起就是一百零七篇。在王勃的文章中，骈文是占绝大多数的，体裁包括书、启、颂、碑文、墓志、序文等等，是他散文的主体、核心。在这些数量丰富的骈文中，序文又是他写得最好的。下面，笔者从辞赋、应用文、序文三个方面来体会其卓绝的创作才华。

一、王勃的辞赋

　　王勃现存辞赋十二篇，具体篇名为：《九成宫东台山池赋》《春思赋》《释迦佛赋》《寒梧栖凤赋》《七夕赋》《游庙山赋》《驯鸢赋》《采莲赋》《江曲孤凫赋》《涧底寒松赋》《青苔赋》《慈竹

赋》。据韩国学者白承锡统计，王勃在初唐时期的作家中是创作辞赋最多的，约占了此时期辞赋的十分之一（白承锡《王勃赋之探讨》，《江苏社会科学》，1995 年 02 期）。王勃辞赋具体都写了哪些内容呢？笔者分析如下。

在王勃之前，六朝时期的刘勰已经对辞赋创作理论进行了总结、概括，他在《文心雕龙·诠赋》中说：

原夫登高之旨，盖睹物兴情。情以物兴，故义必明雅；物以情观，故词必巧丽。丽词雅义，符采相胜，如组织之品朱紫，画绘之著玄黄，文虽新而有质，色虽糅而有本，此立赋之大体也。然逐末之俦，蔑弃其本，虽读千赋，愈惑体要，遂使繁华损枝，膏腴害骨，无贵风轨，莫益劝戒，此扬子所以追悔于雕虫，贻诮于雾縠者也。

刘勰在这段话中明确地指出，辞赋的文体特征决定了它"丽词雅义，符采相胜"的创作要求，但是也常出现"繁华损枝，膏腴害骨"的弊病。那么，王勃在辞赋创作实践中是否达到了刘勰提出的创作要求呢？是否也会出现那样的毛病呢？

前面说到，王勃的辞赋流传下来的有十二篇，仔细分析不难看出，其赋可以分为羁游赋、咏物赋和礼佛赋三类。下面择要进行说明。

（一）羁游赋

王勃在两次被贬斥之后，都曾离开长安到外地进行游历，一方面是放松心情，另一方面也是为创作寻找题材。在这期间，他

也写了许多作品以记叙自己的感想，抒发自己的心情，其中创作了几篇赋作，因为是在外地客居的时候写的，我们不妨称之为羁游赋，代表作品是《春思赋》和《采莲赋》。

这两篇赋作虽然写作的时间和地点不同，但是写作时的心态是相似的。据《春思赋》前面的序文交代，这篇文章写于咸亨二年（671年）王勃二十二岁的时候，"咸亨二年，余春秋二十有二，旅寓巴蜀。浮游岁序，殷忧明时，坎壈圣代"。由此可见，这篇赋写于作者因戏为《檄英王鸡文》被高宗逐出沛王府不久，当时作者在巴蜀游历。据《旧唐书·王勃传》中"上元二年，勃往交趾省父，道出江中，为《采莲赋》以见意，其辞甚美"可知，《采莲赋》作于上元二年（675年）作者去交趾探望父亲的途中，这时作者因官奴曹达事发而被贬谪，从此不得录用。关于它的写作缘起，作者在序文中有所说明："昔之赋芙蓉者多矣，虽复曹王潘陆之逸曲，孙鲍江萧之妙韵，莫不权陈丽美，粗举采掇，岂所谓究厥艳态，穷其风谣哉？顷乘暇景，历睹众制，伏玩累日，有不满焉，遂作赋。"可以看出，作者的直接起因是对汉魏六朝的曹植、潘岳、鲍照、江淹等人写的关于芙蓉的作品不满意。两篇赋作前后时间相差很远，但作者的心境却是极其相似的，都是在他想要有一番作为的时候被打击，他内心感到极度地不满和悲愤，其中寄予着作者的身世际遇。

先看《春思赋》，此赋开篇就写蜀地的早春美景：

蜀川风候隔秦川，今年节物异常年。霜前柳叶衔霜翠，雪里梅花犯雪妍。霜前雪里知春早，看柳看梅觉春好。思万里之佳期，忆三秦之远道。澹荡春色，悠扬怀抱。野何树而无花？水何堤而无草？

然后用"惜良会之遒迈，厌他乡之苦辛。忽逢边候改，遥忆帝乡春"来转入对长安、洛阳的春天景色的描写：

　　帝乡迢递关河里，神皋欲暮风烟起。黄山半入上林园，元灏斜分曲江水。玉台金阙纷相望，千门万户遥相似。昭阳殿里报春归，未央台上看春晖。水精却挂鸳鸯幔，云母斜开翡翠帱。竞道西园梅色浅，争知北阙柳阴稀？……复闻天子幸关东，驰道烟尘万里红。析羽摇初日，繁茄思晓风。后骑犹分长乐馆，前旌已映洛阳宫。洛阳宫城纷合沓，离房别殿花周匝。河阳别舍抵长河，丹轮绀幰相经过。戚里繁珠翠，中闺盛绮罗，凤移金谷舞，莺引石城歌。向夕天津洛桥暮，争驱紫燕黄牛度。闲居伊水园，旧宅邙山路。武子新布金钱埒，季伦欲碎珊瑚树。

　　作者在描写长安、洛阳的春天景色的同时，中间又穿插了征夫从军、思妇闺怨的内容，以突出时光的美好与人们心中的痛苦的对比，后来又以语句"忽逢江外客，复忆江南春"转入了对江南春天景色的描写：

　　凤凰山上花无数，鹦鹉洲中草如积。春江澹容与，春期无处所。春水春鱼乐，春汀春雁举。君道玉门关，何如金陵渚？为问逐春人，年光几处新？何年春不至，何地不宜春？亦有当春逢远客，亦有当春别故人。

　　作者描写这些都是有意图的，并不是单纯地拼凑数字，而是

为了下文抒发感情埋下伏笔，紧接着作者的真实意图终于露出庐山真面目了。"风物虽同候，悲欢各异伦"，说明风景年年相似，但人物的心情却大不相同，悲欢离合，百感交集。

余复何为此？方春长叹息，会当一举绝风尘，翠盖珠轩临上春。朝昇玉署调天纪，夕憩金闺奉帝纶。长卿未达终希达，曲逆长贫岂剩贫。年年送春应未尽，一旦逢春自有人。

至此，作者写作此赋的用意明白了，他要表达的是自己流落异乡的孤独与飘零以及抱负未展的郁闷与慨叹。但作者并未放弃心中的理想，他雄心仍存，抱负犹在，认为这样怀才不遇的时期一定会过去的，总有一天自己会得到统治者的重用。

《采莲赋》的结构、意境和《春思赋》几乎如出一辙，它也是先仔细、细致地描写莲花的无与伦比的绰约风姿，"况洞庭兮紫波，复潇湘兮绿水。或暑雨兮朝霁，乍凉飙兮暮起。黛叶青跗，烟周五湖。红葩绛花，电烁千里"，"珍族广茂，淑类博传。藻河渭之空曲，被沮漳之沧涟。烛澄湾而烂烂，亘修涨之田田"；接着写乘船采莲的情景："锦帆映浦，罗衣塞川。飞木兰之画楫，驾芙蓉之绮船。问子何去，幽潭采莲。……怜曙野之绛气，爱晴天之碧云。棹巡汀而柳拂，船向渚而菱分。掇翠茎以翳景，袭朱萼以为裙。艇楫凌乱，云流雨散。鸣榔络绎，雾罢烟释。状飞虹之蜿蜿，若惊鸿之奕奕。艇怯奔潮，篙憎浅石。丝著手而偏绕，刺牵衣而屡襞。……"在这些篇幅之间也穿插了大量的征夫、良人远征的辛苦和采莲女子刻骨铭心的相思，"君子兮有行，复良人兮远征。南讨九真百越，北戍鸡田雁城。念去魂骇，相视骨惊。临春

渚兮一送，见秋潭兮四平。与子之别，烟波望绝。念子之寒，江山路难。……睹芳草兮已残，忆离居兮方苦。延素颈于极涨，攘皓腕于神浒；惜佳期兮末由，徒增思兮何补。又若倡姬荡媵，命侣招群。淇上洛表，湘皋汝坟。望洲草兮翡翠色，动浦水兮骊龙文。愿解佩以邀子，思褰裳而从君。悲时暮，愁日曛"。在文章的最后卒章显志，真实表露作者自己的心态与想法，他说道：

感芳草之及时，惧修名之或丧。誓将刬迹颍上，栖影渭阳。枕箕岫之孤石，泛磻溪之小塘。餐素实兮吸绛芳，荷为衣兮芰为裳。永洁己于丘壑，长寄心于君王。

在这短短的六十个字中，作者的真实想法表露无遗，他一方面感叹芳华容易逝去，美好的名声容易丧失，为自己虚度光阴而懊丧不已，感到十分的遗憾；另一方面，他决定要归隐山林，远离仕途，与山石、溪水为伴，力图像荷花那样高洁清高，修身养性，独善其身。"誓将"二字，将作者归隐林泉的决心表现得是那么的坚定，那么的执著。

虽然《春思赋》和《采莲赋》在结构、主旨上存在着如此大的相似性，但两者在句式、语言上还是有一定差异的。前者采用大量的诗歌句式，而骈赋的句式却占了少数；而后者恰好相反，大多采用的是骈赋的四、六句式，诗歌类的五、七句式为数很少，还较多地使用了"兮"字。

此外，王勃的另一篇赋《游庙山赋》与《春思赋》《采莲赋》在主旨上也是很接近的，根据聂文郁的《王勃年谱》分析，这篇赋作和《春思赋》一样，都是在咸亨二年写的，《春思赋》是在春天，

《游庙山赋》是在秋天写的（白承锡《王勃赋之探讨》引）。这篇赋一开始也是先写山庙的清幽景色，但在这种情况下作者心头的愁绪还是没有消除，最后表露真实的想法："乱曰：已矣哉！吾谁欺？林壑逢地，烟霞失时。托宇宙兮无日，俟虬鸾兮未期。他乡山水，只令人悲。"感叹自己生不逢时，只得归隐山林。

以上的《春思赋》《采莲赋》和《游庙山赋》在表达的主旨方面是极其相似的，都是作者在仕途遭遇不顺的时候流露出的内心想法，虽然写作的时间和地点是不同的，但作者的情志是一致的，即便存在着个别的细小的差别。另外，它们又都是作者在外地客居、羁游的时候写的，堪称为羁游赋。

（二）咏物赋

在王勃的十二篇赋作中，咏物赋就占了六篇，可以说是其赋作的主体内容。在这六篇咏物赋中，又可以分为两类：一类是描写动物的，有《寒梧栖凤赋》《驯鸢赋》《江曲孤凫赋》；另一类是描写植物的，有《涧底寒松赋》《青苔赋》《慈竹赋》。虽然是在描述动植物，但言为心声，作者是在借歌咏它们来吐露自己的心声，表达自己的感情。

1. 描写动物的赋

先看《寒梧栖凤赋》。这篇文章很简短，《全唐文》在这篇赋的标题的后面有个小注："以孤清夜月为韵。"作者在这篇文章中表达的思想很是明显，开篇就点题了："凤兮凤兮，来何所图？出应明主，言栖高梧。"这句话就是这篇赋作的主旨句。然后具体描写凤凰的详细情况，"梧则峄阳之珍木，凤则丹穴之灵雏。理符有契，谁言则孤？游必有方，哂南飞之惊鹊；音能中吕，嗟入夜之

啼乌。"再然后则由凤凰写到了人,"况其灵光萧散,节物凄清,疏叶半殒,高歌和鸣。之鸟也,将托其宿止;之人也,焉知乎此情?"以说明作为万物灵长的人类竟还不及动物的灵性;赋的末尾,作者进一步揭示了主题:

可谓择木而俟处,卜居而后歌。岂徒比迹于四灵,常栖栖而没没?

即是说良臣择主而事,良禽择木而栖的道理。从这篇文章可以清晰地看出,王勃在此时是有着建功立业的强烈愿望的。

其次看《江曲孤凫赋》。这篇作品和《寒梧栖凤赋》在表达的思想上是有着很大差异的。在这篇赋的序文中作者提到:"梓州之东南,涪江之所合,有潭焉。"从这句话可以看出,作者写作这篇文章的时候是在游历蜀地之时。从文中的句子也可以看出,作者此时是比较超脱的,整篇文章表现出的是一种自然、超脱的心境,王勃在序文中说道:"嗟乎!宇宙之容我多矣!造化之资我厚矣!何必处华池之内,而求稻粱之恩哉?"从这几句话可以得出,作者此时对做官是不屑一顾的,也可以说是像陶渊明一样不肯屈膝事人的。从其正文的这几句话可以清晰地显示他的心态:

不如深泽之鸟焉,顺归潮而出没。迹已存于江汉,心非系于城阙。吮红藻,翻碧莲,刷雾露,栖云烟。迫之则隐,驯之则前。去就无失,浮沈自然。

这只"不思进取"、不求高飞的野鸭正是在仕途久经波折的作

者的写照，可以看出，这篇文章的主旨和《采莲赋》极其一致的，归隐山林，远离仕途，"誓将刬迹颍上，栖影渭阳。枕箕岫之孤石，泛磻溪之小塘"（《采莲赋》）。

其实，王勃另一篇作品《驯鸢赋》的思想主旨和《江曲孤凫赋》也几乎是一致的，如文章的末尾写的，"似达人之用晦，混尘濛而自托。类君子之含道，处蓬蒿而不作"就把作者的真实意思表达得很明显了，这里就不再赘述了。

2. 描写植物的赋

先看《青苔赋》。王勃在序文中交代了写这篇文章的缘起，大意是说自己在游历的途中，在荒山丘涧休憩，目睹了"青苔"，从而发出了慨叹，意思是说人要想植物青苔一样，要生活在合适的地方才能有它自己的价值和意义；处在不同的位置就会有不同的作用和效果，最后作者得出了人要"择地而处，无累于物"的感触。

在赋文中，作者紧紧抓住了青苔的特性，把它描述得很是细致：

措形不用之境，托迹无人之路。望夷险而齐归，在高深而委遇。惟爱憎之未染，何悲欢之诡赴？宜其背阳就阴，违喧处静，不根不蒂，无华无影。耻桃李之暂芳，笑兰桂之非永。故顺时而不竞，每乘幽而自整。

其实，青苔就是作者的真实写照，在这里多多少少带了些自嘲的味道。青苔有着某些人不曾具备的自知之明，它知道自己该在什么地方才能不招人嫌；它生性喜欢安静，不爱热闹，它不拉帮结伙，不勾结朋党；它认为自己是永恒的，所以它嘲笑桃李、兰桂的暂时繁华。

再看《慈竹赋》。竹子在古代文人的心中与笔墨之下都是清高纯洁的，它是君子的象征，不蔓不枝，不肯低下它那高傲的枝头，笔直地矗立在那里。唐代著名诗人刘禹锡曾赞美它"露涤铅粉节，风摇青玉枝。依依似君子，无地不相宜"（《庭竹》），清代著名诗人郑板桥也曾经赞美过："咬定青山不放松，立根原在破岩中。千磨万击还坚劲，任尔东西南北风。"（《竹石》）称赞它坚强、勇敢和坚韧。

王勃的这篇文章，也是借用的竹子的这种寓意。竹子本应生活在山谷之中，风吹雨沐，坚强无比，"气凛凛而犹在，色苍苍而未离"，但却被好事者移植到了庭院里。作者感叹它生活在了它不该在的地方，有感而作此文，只是增加了一种对家乡的思念在里面："动乡关之思者，盖抚高节而兴叹，览嘉名而思归。遂为赋。"在这篇赋作中，作者先是歌颂慈竹的坚强、团结、不惧严寒、仁义忠贞、不炫耀等高尚的品格：

抽劲绿以垂霜，总严青而负雪。盖同类之常禀，非殊方之异节。若乃宗生族茂，天长地久，万柢争盘，千株竞纠，如母子之钩带，似闺门之悌友，恐孤秀而成危，每群居而自守。何美名之天属，而和气之冥受。

嗟乎！道之存矣，物亦有之。不背仁以贪地，不藏节以遁时。故其贞不自炫，用不见疑。保夷险之无易，咍荣枯之有期。

最后，作者由竹子的"宗生族茂，天长地久，万柢争盘，千株竞纠，如母子之钩带，似闺门之悌友”而想到了自己，慨叹自己像浮萍一样漂泊无依，与父亲、兄弟相隔千里，很是愧疚，于是有感而叹，下定决心要学习慈竹以鞭策自己：

俄蓬转于岷徼，遂萍流于江汜。分兄弟于两乡，隔晨昏于万里。抚贞容而骨愧，伏嘉号而心死。庶因感而长怀，将策情而励己。

其实，在三篇歌咏植物的作品中，写得最好的当属《涧底寒松赋》，由序文可以知道，这篇文章也是作者在游历蜀地的时候写的，“岁八月壬子，旅游于蜀”；作者在深山野涧之中看到了这棵松树，虽然经过了霜雪的严寒，但仍然高大挺拔，无所畏惧，它是“出群之器”，本应处于有用的地方，但却“托非其所”，生活在了错误的地方，作者有感于此，就写了这篇赋。在经过了一番对寒松的描述之后，赋文的结尾，作者终于吐露了真实的感慨：

已矣哉！盖用轻则资众，器宏则施寡，信栋梁之已成，非榱桷之相假，徒志远而心屈，遂才高而位下。斯在物而有焉，余何为而悲者？

王勃对此感慨不已，有用的埋没山林草野，无能的高居魏阙庙堂，强烈的对比显示出了社会的不公平，这和西晋著名诗人左思的组诗《咏史诗》的第二首“郁郁涧底松，离离山上苗。以彼径寸茎，荫此百尺条。世胄蹑高位，英俊沉下僚。地势使之然，由来非一朝。金张藉旧业，七叶珥汉貂。冯公岂不伟，白首不见招”是如出一辙的，意思几乎完全相同。

总之，不管是描写动物的《寒梧栖凤赋》《驯鸢赋》《江曲孤凫赋》，还是描写植物的《涧底寒松赋》《青苔赋》《慈竹赋》，作者王勃都是在借歌咏它们来吐露自己的心声，表达自己的感情。马积高先生《赋史》称赞王勃的咏物小赋"洗去铅华"，"尤多磊落不平之气，文风亦较挺拔"，很是中肯。

（三）礼佛赋

前面提到，王勃后期的思想中，佛教因素是占了很大比重的，他本身虽然不是佛教徒，但他忠实信佛，并著文阐发佛教教义，其中辞赋这一类中与佛教关系密切的是《释迦佛赋》。

《释迦佛赋》究竟写于什么时候、什么地方，已经无从考证，在历来研究中也常常被忽视。詹杭伦先生曾撰文《王勃〈释迦佛赋〉乃丁暐仁作考》（《文学遗产》，2006 年第 1 期），认为王勃的《释迦佛赋》即是金代学者丁暐仁的《释迦成道赋》。韩国学者白承锡《王勃赋之探讨》将此文与另一篇描写佛教的文章《灵光寺释迦如来成道记》对比考证，认为这篇文章应写于王勃在任职虢州参军期间，甚是可信。

王勃此赋依据中国古代的史书资料对佛教的教义和释迦的出生、修行、成道作了较为详细的描述。本文开篇就对佛教作了解释："原夫佛者觉也，神而化之，修六年而得道，统三界以称师。"然后又对释迦修行时的坚韧和坚定作了分析，"天情极广，厌六宫珠翠之色，恶千妃丝竹之响。雪山深处，全抛有漏之身心；海月圆时，顿悟无为之法相。莫不魔军振动，法界奔惊。觉阎浮之日出，睹优钵之华生。十方调御，皆来圆光自在；六趣含灵，尽喜金色分明。暨乎万法归空，双林告灭，演摩诃般若之教，

示阿耨多罗之诀。"根据这些句子可知，王勃是坚持"三教同源说"的。他认为释迦牟尼与老子、孔子是相传的，存在着师徒关系，道家、儒家都源于佛教。赋文的结尾又说："嗟释迦之永法将尽，仰慈氏之何日调伏。我今回向菩提，一心归命圆寂。"这表明王勃在第一次被贬谪归来之后的虢州参军任上已经潜心研究佛理了，显然有些看破红尘的味道了，他决定通达洒脱地告别人世间的痛苦的本源，转而向博大精深、拯救众生的佛法中寻求精神的彻底解放。

综上所述，王勃的辞赋创作语言华美，说理透彻，写景、抒情和说理结合得很是巧妙，有时虽有繁芜丛杂的弊病，但瑕不掩瑜，总体上是符合刘勰《文心雕龙·诠赋》所说的"丽词雅义，符采相胜"的创作要求的。其赋作虽有时存在枝芜庞杂的毛病，但这是特定时期文学影响下的结果，因为六朝铺排华丽的赋作对唐代文学的影响是极其深远的，唐初离六朝时代不远，所受影响也是很大的。王勃在极力摆脱六朝和隋代浮艳文风的同时，偶尔沾染一丝丝不良的习气也是在所难免的。

二、王勃的应用文

《全唐文》卷一百七十八至一百八十的前半卷和一百八十二后半卷至一百八十五卷皆为应用文，其中体裁包括颂、表、书、启、记、论、碑文、行状等几种。据笔者统计，王勃的应用文共计三十八篇，其中，颂三篇，表三篇，启十篇，书六篇，记一篇，论三篇，赞一篇，碑文十篇，行状一篇。这些应用文章在王勃的笔下都是应用性和文学性结合得比较好的作品。尤以书、启、碑文为最好。下面择要进行说明。

（一）书

根据刘勰《文心雕龙·书记》"夫书记广大，衣被事体，笔札杂名，古今多品。……朝市征信，则有符、契、券、疏"可以知道，"疏"是广义上的"书"这种文体的一个小类，这样，王勃的"书"的创作就一共有六篇了，即《上百里昌言疏》《上刘右相书》《上绛州上官司马书》《与契苾将军书》《为人与蜀城父老书》《为人与蜀城父老第二书》。

关于《上百里昌言疏》的写作时间，据聂文郁先生《王勃诗解》考证，这篇文章是"八月出狱后之作，父福畤已坐迁交趾，疏当由驿站传送的"，这个推断应是非常可信的。因为据《旧唐书·王勃传》记载，王勃在任虢州参军的时候因私自杀掉了官奴曹达被判斩首之刑，后来遇到了天下大赦才侥幸逃过了死罪，但是他的父亲福畤受到了牵连而被贬到了交趾这个地方；而且从这篇文章的句子"今大人上延国谴，远宰边邑。……今交趾虽远"和内容来看，其表达的情感也是符合聂先生的考证的。《上百里昌言疏》的字里行间就流露出了这种因为自己的缘故而连累父亲的后悔的痛苦心情：

勃闻古人有言，明君不能畜无用之臣，慈父不能爱无用之子。何则？以其无益于国而累于家也。呜呼！如勃尚何言哉！辱亲可谓深矣！诚宜灰身粉骨，以谢君父，复何面目以谈天下之事哉！所以迟回忍耻而已者，徒以虚死不如立节，苟殒不如成名，悔过傥存于己，为仁不假于物。是以孟明不屑三奔之诮而罢匡秦之心，冯异不耻一败之失而摧辅汉之气，故其志卒行也，其功卒就也。此言虽小，可以喻大。……今大人上延国谴，远宰边邑。
出三江而浮五湖，越东瓯而度南海。嗟乎！此皆勃之罪也，无所
逃于天地之间矣。……今交趾虽远，还珠者尝用之矣。

王勃在这篇奏疏中从头到尾表达的都是自己连累父亲的极度
痛苦的感情。由于母亲早亡，他们兄弟几人都是由父亲抚养长大
的，王勃曾在序文《黄帝八十一难经序》中说过，"勃养于慈父之
手，每承过庭之训"，他和父亲的感情格外的亲密，从文章也可以
看出，作者对父亲是十分孝敬的，作者心底痛如刀绞，对自己的
所作所为追悔莫及。

在王勃的上书中，《上刘右相书》是写得最精彩的，这是王勃
写给当时的皇帝宠臣刘祥道的，当时王勃才十五六岁，据史料记
载，刘祥道看完这篇文章后称赞他是"神童"，并极力推荐他赴京
考试，"祥道表于朝，对策高第。年未及冠，授朝散郎，数献颂阙
下"。后来沛王征召他也是看中他的文才。在这篇著名的书信中，
王勃陈述了一个少年天才对时局的清晰而准确的看法，作者早期
的思想也在其中得到了充分的展示。《上刘右相书》涉及了政治、
经济、军事和选拔人才等各方面，同时也提出了具体的针对措
施，并表现出了极其强烈的建功立业的急迫心情。比如，他指出
了统治者为满足个人私欲而发动了连年不断的战争，这给国家和
百姓造成了灾难性的后果：

伏见辽阳未靖，大军频进，有识寒心，群黎破胆。昔明王之制
国也，自近而至远，先仁而后罚，征实则效存，徇名则功浅。是以
农疏十野，仅逾重石之乡；禹截九州，不叙流沙之境。岂才不及而

智有遗哉？将以辨离方而存正功也。虽至人无外，甲兵曜天子之威；王事有征，金鼓发将军之气。而长城在界，秦汉所以失全昌；巨海横流，天地所以限殊俗。辟土数千里，无益神封；勒兵十八万，空疲帝卒。惊烽走传，骇秦洛之氓；飞刍挽粟，竭淮海之费。

不仅如此，他还对当时的上层领导者提出了批评，"肉食者鄙"（《曹刿论战》），指出了"此君侯之所未渝"，对"君侯"等之类的领导者的错误举措指出了缺点。作者在这篇上书中并没有因个人身份的卑微而畏首畏尾，噤若寒蝉，而是针对朝政敢于直言，言辞犀利而又真挚诚恳，字字直锥统治者的内心，是一个勇敢的爱国百姓关心朝政时局的心声的真实吐露。

此外，王勃还有两篇写给蜀地父老乡亲的书信，即《为人与蜀城父老书》《为人与蜀城父老第二书》。这两篇书信是在游历蜀地的时候写作的，带有强烈的个人色彩，内容主要是在向人乞求资助，同时慨叹自己生不逢时："盖闻天地作极，不能迁否泰之期；川岳荐灵，不能改穷通之数。岂非圣贤同业，存乎我者所谓才；荣辱异流，牵乎彼者所谓命？是以龙骧凤峙，伊周成翊赞之功；含糗羹藜，颜冉困栖迟之病。"作者在悲叹自己生不合时宜的同时，把"否泰"、"穷通"与"天地"、"川岳"联系了起来，把伊尹、周公成就功业与颜渊、冉有忍受贫穷和宇宙变化等客观的物质紧密联系在了一起，认为卞和得玉、张华获剑是天地的眷顾，而不是从政治、社会等现实方面寻找根源。这样，作者在寻求原因时就又陷入了另一种茫然的困惑之中，从而找不到真实的根源；接着作者在第二封书信中又列举了阮籍、嵇康、贾谊、终军等名人志士也不免潦倒贫穷，从而自嘲既不能跻身魏阙，也不能够栖身林泉，属于无才无能之人。作者在文中没有客套的话语，只是把自己的心迹真实地表露出来了，与其把它看作向人乞讨资助，不如说它是作者心路历程的自然流露。

（二）启

启作为一种应用文体，刘勰在《文心雕龙·奏启》中对它有所解释："启者，开也。"写作的规范是要"敛饬入规，促其音节，辨要轻清，文而不侈"，即写作时要严谨规范，使音调节奏短促、不冗长，行文简明扼要、轻快清朗，语词要有文采但又不能过于华美。"启"就是打开的意思，要能够起到引导说教的作用。唐代之前的启大多是写给君主的，在唐代及以后，启的写作范围有所扩大，如王勃的这十篇启就不是写给君王的，而是写给长辈以及其他比自己地位高的人的，如写给舅舅的《上从舅侍郎启》。他的启文都以"某启"二字开头，并且这十篇启除了《上吏部裴侍郎启》和《上明员外启》的篇幅较长一些，其他8篇都篇幅短小，但说理清晰、透彻。

王勃的启多是干谒、推荐自己诗文的，与此同时也表露了自己的某些政治见解。但是其中有一篇的内容却是远远不同的，那就是《上郎都督启》，这是作者众多"启"作品中极其独特的一篇，此时作者将要去交趾探望父亲，但却由于没有官职、没有薪水而缺少旅途所需费用，这时候作者写下了这篇作品，希望朋友郎都督能够给予自己经济上的帮助。作者先以古时候管仲、鲍叔牙金石之交说起，以说明朋友之交自古为人所重，"某闻古之君子，重神交而贵道合者，以其得披心胸而尽志义也。是以叔牙苟在，管仲分多而不贪；无知尚存，陈平受谤而非罪。何则？达其趣者，能申其迹；收其大者，能让其细也"；然后说自己要效仿古代的贤人，有了困难也要和朋友诉说，"今有情而不告，是不尽也。有窘而不托，是有疑也"；再然后就直奔主题了：

嗟乎！可以竭诚矣，敢不尽言乎？勃家大人，天下独行者也。性恶储敛，家无儋石。自延国谴，远宰边隅。常愿全雅志于暮齿，扬素风于下邑。而道里夐遥，资粮窘鲜；秩寡钟釜，债盈数万。此勃所以侧目扼腕，临深履薄，庶逢知己之厚，以成大人之峻节也。古人有言：'富观其所与，贫观其所取。'又曰：'损有余，补不足。'于君侯何如哉？然则定其交而后求，敢无愧已；易其心而后语，夫何饰焉？赈给之义，既惟其常；厚薄之差，伏希俯访。轻尘视听，伏增兢惕。

王勃在说明自己的经济情况的时候也不忘赞颂一下父亲的清廉，同时也把朋友郎都督摆在了一个知己的位置上，使得文章看起来合体又合理。

此外，在这些作品中有写给武侍极的两篇，有写给皇甫常伯的两篇，写给舅舅、李常伯、裴侍郎、明员外和许左丞各一篇。其中，写给武侍极、皇甫常伯、舅舅和李常伯的启主要是推荐自己的诗文，以求得到对方的欣赏和推荐；写给明员外和许左丞的则主要是希望得到对方的举荐以使自己能够在仕途上走得顺利。

在众多的作品中，王勃写得最好的应属《上吏部裴侍郎启》，这是一篇干谒之作，作者在这篇作品中主要是表明自己的志愿和态度，先是自谦地说担心自己的贸然上书会给对方带来麻烦，"诚恐下官冒轻进之讥，使君侯招过听之议，贵贱交失，恩爱两亏。

所以战惧盈旬，迟回改朔，怀郑璞而增愧，捧燕珉而自耻"；然后陈说自己的文学修养状况，大意是说自己从小就接受儒家的文学伦理教育，崇尚仁、义、礼、智，鄙弃名利，虽然生性愚钝，但还是有小小的志向的，"某性惟懵昧，识谢沈冥。蒙父兄训导之恩，藉朋友琢磨之义，好学近乎智，力行近乎仁。知忠孝为九德之源，故造次必于是；审名利为五常之贼，故颠沛而思远。虽未之逮也，亦有其志焉"；接着，作者依次批评汉代的辞赋、晋代的玄风、六朝的绮靡文风，进一步提出了自己心目中真正的文学：

　　自微言既绝，斯文不振，屈宋导浇源于前，枚马张淫风于后。谈人主者，以宫室苑囿为雄；叙名流者，以沈酣骄奢为达。故魏文用之而中国衰，宋武贵之而江东乱。虽沈谢争骛，适足兆齐梁之危；徐庾并驰，不能止周陈之祸。于是识其道者卷舌而不言，明其弊者拂衣而径逝。潜夫昌言之论，作之而有逆于时；周公孔氏之教，存之而不行于代。天下之文，靡不坏矣。

　　王勃以矫枉过正的姿态把枚乘、司马相如的辞赋和徐陵、庾信的绮靡文风批评得体无完肤，并视之为亡国的根源。其后，王勃认为裴侍郎身居显要位置，应该为改善当代文风尽绵薄之力，以文才选拔真正的人才，最后自谦地说自己虽然没有什么大的才能，但愿意为裴侍郎建言献策，尽自己的一份力量："君侯受朝廷之寄，掌镕范之权，至于舞咏浇淳，好尚邪正，宜深以为念者也。伏见铨擢之次，每以诗赋为先，诚恐君侯器人于翰墨之间，求材于简牍之际，果未足以采取英秀，斟酌高贤者也。……然窃不自揆，尝著文章，非敢自媒，聊以恭命，谨录古君臣赞十篇并序，虽不足尘高识之门，亦可以见小人之志也。伏愿暂停左右，少察胸襟，观述作之所存，知用心之有地。"

王勃在这篇文章中采用的是迂回曲折的表达方式，只是诉说自己的经历和愿望以及改革前代和当时文风的决心，但希冀入仕的愿望已经蕴含其中了。值得一提的是，作者在这篇启中提出了自己对于文学改革的看法，表达了自己对于文学功能的认识，同时这也成了王勃文学理论上的重要作品。

（三）碑文

王勃创作的应用文除了书、启之外，碑文也是他很擅长的一种文体。关于碑文的创作，刘勰在《文心雕龙·诔碑》有过阐述："碑者，埤也。""夫属碑之体，资乎史才，其序则传，其文则铭。标序盛德，必见清风之华；昭纪鸿懿，必见峻伟之烈：此碑之制也。"当然了，刘勰的解释主要是针对描写人物。其实，碑一开始是古代宫室、宗庙前面的石柱等之类的建筑，后来演化为墓碑，用以记写人物的籍贯、生平、功绩等，再后来范围进一步扩大，碑的种类也随之逐渐增多，常矗立在某些大型的标志性建筑前面用来记录这些建筑或某些重大事件的来由始末。

王勃现存碑文十篇，占其应用文总数的五分之一还多。从王勃现存的碑文来看，主要是一些寺庙碑文。因为古代的重要宫室庙宇修建或改建，一般都要立碑来记录修建或改建的起因、过程、结果等。王勃在仕途失意的时候曾经游览巴蜀一代，而蜀地又有很多庙宇道观，作者在这期间游山涉水，进庙赏景，写出这样的作品就很自然了。其中就有几篇这样的作品，如《益州绵竹县武都山净慧寺碑》《益州德阳县善寂寺碑》《梓州郪县兜率寺浮

图碑》《梓州通泉县惠普寺碑》等文，都创作于此时。此外，他在去交趾省亲的途中也写过碑文，如他经过广州时写下的《广州宝庄严寺舍利塔碑》。这些碑文大多数都篇幅很长，由于描写的是佛或仙之类的对象，所以风格上一般都很严肃典雅、庄重肃穆。

杨炯在《王子安集序》中说道："西南洪笔，咸出其辞。每有一文，海内惊瞻。所制九陇县孔子庙堂碑文，宏伟绝人，希代为宝。正平之作，不能夺也。"可见，王勃的碑文在当时就很受欢迎，成就很高，众多碑文中最受欢迎的是《益州夫子庙碑》，即杨炯序文中提到的"九陇县孔子庙堂碑文"。虽然王勃平日里放荡不羁、恃才傲物，但对于碑文这样严肃的题材，尤其是对于圣人孔夫子，他还是十分恭敬和尊崇的。《益州夫子庙碑》分为两部分：序文和铭文。其中的序文很长：先是总体概述孔夫子，介绍了他的名讳、家世；而后具体描写孔子的圣德。王勃把孔子的圣德概括为十个方面："圣人之大业"、"圣人之至象"、"圣人之降迹"、"圣人之成务"、"圣人之救时"、"圣人之立教"、"圣人之赞易"、"圣人之观化"、"圣人之应化"、"圣人之遗风"，并且赞叹"千秋所不能易，百代所不能移，万乘资以兴衰，四海由其轻重"。这就很明显可以看出了，以儒家立身的王勃对儒家的开山祖师是多么的崇敬有加了，也可以看出王勃对儒家的文化精髓是深有领悟的。其中，对"圣人之救时"和"圣人之遗风"的描写尤其精彩，概括简明扼要，辞藻典雅：

若乃乘机动用，历聘栖遑；神经幽显，志大宇宙。东西南北，推心于暴乱之朝；恭俭温良，授手于危亡之国。道之将行也命，道之将废也命。归齐去鲁，发浩叹于衰周；厄宋围陈，奏悲歌于下蔡：圣人之救时也。

自四教远而微言绝，十哲丧而大义乖。九师争大易之门，五传列春秋之辐；六体分于楚晋，四始派于齐韩。淹中之妙键不追，稷下之高风代起。百家腾跃，攀户牖而同归；万匹驱驰，仰陶钧而其贯。犹使丝簧金石，长悬阙里之堂；荆棘蓬蒿，不入昌平之墓：圣人之遗风也。

在具体介绍完孔夫子之后，赞扬了统治者对孔子的推崇政策，接着开始记叙益州夫子庙修建的经过，对这一过程中贡献过力量的人如司马宇文纯、县令柳明等逐一地赞扬。全文整饬庄重，略显严肃，真实的感情流露不是很足。但他的写作特征很符合刘勰《文心雕龙·诔碑》中对碑文创作的要求，"标序盛德，必见清风之华；昭纪鸿懿，必见峻伟之烈"，所以这篇文章在当时是极其有影响力的。

其实，在今天看来，如果单纯地从文学的角度、姿态来观赏王勃碑文，这十篇碑文中最具文学价值的当属《益州绵竹县武都山净慧寺碑》。在这篇文章中作者的思路是先记述净慧寺的经历，它在隋代末年战乱中被毁，在唐代清明之世被重修；然后简要地介绍重修净慧寺的主事者，再说自己撰此碑文的缘由。从碑文的体例上来看，这些记述都是本来就该具备的，没有什么值得惊喜的地方，但作者却用骈文体制写得气势磅礴，语言华美，如"融而为川渎，结而为山岳。五城韬海，接昆阆于大都；八洞藏云，冠瀛洲于巨阙"，"名山列岳之旧，仙都福地之凑。黄龙负匣，著宝籍于山经；紫凤衔书，荫荣光于井络。须弥峰顶，仍开梵帝之

宫；如意山中，即有经行之地"，"元经素论，侍郎居八俊之英；绿绶黄轩，太尉列三台之首"，"支道林之好事，语默方融；释慧远之高居，风埃遂隔"等。尤其是文中对净慧寺周遭环境的描写，足以看出作者的文学修养、艺术气息以及对这个清净的地方的喜爱和依恋，如：

须弥峰顶，仍开梵帝之宫；如意山中，即有经行之地。尔其盘基跨险，列嶂凭霄。日月之所窜伏，烟霞之所枕倚。飞泉瀑溜，荡涤峰崖；绿树元藤，网罗丘壑。飞廉作气，被万吹于中岩；帝顼司寒，宅千霜于北谷。丹梯碧洞，杳冥林岫之间；桂庑松楹，寂寞风尘之表。是称英镇，实瞰崇冈。闾阎当四会之街，城邑辨三分之地。绵溪锦溠，下浸重峦；玉阜铜陵，旁分绝磴。山川络绎，崩腾宇宙之心；原隰纵横，隐轸亭皋之势。……离亭合榭，因岸谷之高低；叠观连房，就冈峦之曲直。丹崖反照，画栱相临，绿嶂斜烟，雕檐间出。丰隆晓震，次复雷而凄皇；列缺晨奔，望崇轩而眙愕。千香宝树，自起风烟；九乳仙钟，独鸣霜雪。银龛佛影，遥承雁塔之花；石壁经文，下映龙宫之叶。虹生北涧，即挂新幡；凤下东岑，还栖旧刹。若乃寻曲岫，历崇隈，周行数里，直上千仞。苍松蓄吹，临绝径而疏寒；黛篠防烟，绕回疆而结荫。春岩橘柚，影入山堂；秋壑芙蓉，光浮水殿。亦有山童采葛，入丹窦而忘归；野老纤花，向青溪而不返。山神献果，送出庵园；天女持花，来游净国。实杳冥之秘诀，托幽深之逸境。

净慧寺坐落在如意山上。如意山地势险要，周围都长满了参天大树，藤萝铺满了山丘，绿色布满了整个山峰，早上与傍晚的烟霞环绕整个山峰，似乎从天而降的瀑布直流飞下，那气势壮阔得让人目瞪口呆、连连称叹，惊叹之余，心里面会为大自然的神奇赞叹不已。净慧寺就坐落在这样一个环境清幽的地方，它有着桂树做成的走廊和松树制成的门槛，还有着大小不一的亭子和水榭，寺庙的房间顺着山冈的起伏变化一间挨着一间，寺庙里还摆放着佛龛和佛像，威严肃穆。四周的石壁在夕阳的照耀下泛出了红色，山里的童子和老人在采割着葛藤和野花，用来烧饭或装饰，果树上缀着丰富的果实，一派欣喜又静穆的气象……置身如此良辰美景之中，作者的心境平和安静，听着寺庙里传来的清脆的钟声，远离了世间的喧嚣和尘世的纷扰，心底平静自然，达到了忘我的境界。

（四）其他应用文体

除了以上的书、启、碑文之外，王勃的应用文还有颂、表、记、赞、行状等几种。其中，颂有三篇，表有三篇，记有一篇，赞有一篇和行状一篇。

1. 颂

王勃的颂现在流传下来的有三篇，即《乾元殿颂》《拜南郊颂》和《九成宫颂》，保存在《全唐文》卷一百七十八。此外，据《旧唐书·王勃传》载，王勃在高宗乾封初年，还到皇宫进献过一篇《宸游东岳颂》，可惜其文已经失传。从写作的时间上来看，他的颂都写于早年时期。据《旧唐书·王勃传》记载，《乾元殿颂》也是在乾封年间写的，"乾封初，诣阙上《宸游东岳颂》。时东都造乾元殿，又上《乾元殿颂》"；可是《新唐书·王勃传》记载的是"麟德初，刘祥道巡行关内，勃上书自陈，祥道表于朝，对策

高第。年未及冠，授朝散郎，数献颂阙下"。麟德与乾封都是唐高宗李治的年号，麟德是664年正月—665年十二月，乾封是666年正月—668年二月。据此可知，王勃的这几篇颂是写于麟德至乾封年间的。据王勃《上拜南郊颂表》的序文可知，《拜南郊颂》和《九成宫颂》写于总章元年（668年）。关于《乾元殿颂》的具体写作时间，现在已经不能知道了，大概是在高宗麟德年间，即664—665年。

刘勰在《文心雕龙·颂赞》云："颂者，容也，所以美盛德而述形容也。"也就是说，颂的原意是舞蹈的仪容，是用舞蹈仪容来赞美伟大的功德，引申义就是要通过华美的文辞来歌颂君王等人的伟大功业。同时，刘勰认为颂的写作要求是要典雅美好，文辞必须清明光彩，铺写时像汉赋但又不能太过华丽奢侈，同时还要恭敬，但不能劝诫规讽。王勃的颂，大体上是符合刘勰提出的颂的写作要求的。王勃的这三篇颂作篇幅都很长，记录的都是当时社会上的大事件，如麟德年间，东都洛阳的乾元殿改修竣工，王勃兴奋之余写下了《乾元殿颂》；而另外两篇《拜南郊颂》和《九成宫颂》则记录的是高宗祭祀南郊与临幸九成宫的事情。作为献给皇帝的歌功颂德的文章，题材是极其严肃的，文章自然是写得庄重典雅，文辞华美，大有太平盛世的气概和风貌，典型的如《九成宫颂》中的一段话：

跋乌失辔，出涧户而无光；金兔低轮，下山扉而变色。阴庭阻夏，祝融无窃据之因；邃屋乘春，颛顼定忘归之策。飞廉扣响，超北阙而神寒；屏翳收津，蹋南端而股战。苍苍八桂，白露为霜；落落千松，元阴昧景。金人列陛，来危砌而思袭；玉女窥窗，伏曾峦而请纩。阳秋代驾，不凋仙圃之华；天地为炉，未解幽陵之冻。至若气清乾步，景霁山维。栖翠霭于崇荣，列朱霞于复榭。琼枝累道，移缀文槛；碧树周阿，光瑶镂槛。静帘帷而洞启，穆羽相和；肃坻堮而天临，纤尘不动。宸仪有晬，蓬莱与城阙俱荣；群后多欢，萝薜共簪裾合赏。岩花落砌，缀龙宸而成文；嶂叶交轩，拂鸾旗而追影。炉峰转霭，香传玉几之风；石濑鸣湍，响入铜壶之水。乃有陵阳驾鹤，奉丹墀而称臣；子晋吟鸾，下青蒲而谒帝。箕精失曜，傅说恭命于东厢；昂宿低芒，庭坚奉职于西序。三台九署，云端极目，霓裳凤髻，阙下相寻。张良卧疾，攀赤松而有地；绮季来朝，歌紫芝而忘返。

这段文字辞藻华美，文采斐然，且多处运用了典故，在这短短的三百多字中，作者就用了达十多个典故，在叙述强大气场的同时也不忘赞美高宗的功德，文字庄重典雅，显示出了一派繁荣昌盛的气氛。

2. 表

王勃的表也仅存三篇，分别是《上拜南郊颂表》《上九成宫颂表》和《为原州赵长史请为亡父度人表》，保存在《全唐文》卷一百七十九。他的表也是写于早年。《上拜南郊颂表》《上九成宫颂表》是附着在《拜南郊颂》和《九成宫颂》之后进献给皇上的，算是颂文的补充，写于总章元年（668年）。

据《文心雕龙·章表》可知，表的作用是报答和称赞朝廷的恩宠，表达自己的内心情感的，"对扬王庭，昭明心曲"；写的时候要用雅正的文义发扬明朗的风格，以清新的文辞体现其华美的文采，"必雅义以扇其风，清文以驰其丽"。《上拜南郊颂表》和

《上九成宫颂表》都是先称颂皇帝的器宇与才能，接着自谦说自己才学浅陋，地位卑微，因为生在了这清明太平的时代，受到了皇帝的恩泽才有今日的。又说自己文辞粗陋，写这两篇表的时候，心情是诚惶诚恐的，其中典型的是《上拜南郊颂表》：

　　既清东寇，将觐南岳，甫资元勋，旋窥大典。伏惟皇帝陛下黼藻神器，衔策睿图，用天老之前机，戮防风之后至。为而不恃，悬宝位于中宸；卑以自居，托灵符于上帝。礼凝苍璧，瑞溢元珪，紫旻降祜，黄祇叶矩。微臣学不照古，才不旷时，窥宇宙之神功，睹郊禋之盛节。时非苟遇，怀雅颂而知归；道不虚行，想讴歌而有志。岂与夫周传考室，裁称栋宇之规；汉奏甘泉，未息嬉游之讽？比兴衰于前代，较驰骤于同衢而已。谨凭天则，辄贡拜南郊颂十章，文不足奇，意有遗美，臣诚惶诚恐。谨言。

　　可以很明显地看出，从开头的"既清东寇，将觐南岳"到"紫旻降祜，黄祇叶矩"是赞颂当今的太平盛世和皇帝的丰功伟绩，之后说自己才陋识浅，"微臣学不照古，才不旷时"，幸好遇到了这政治清明的时代和有着识才眼光的君主，自己才有今日。文中还用到了扬雄《甘泉赋》的典故。总体来说，王勃的这篇《上拜南郊颂表》是符合刘勰关于颂的创作要求的，称赞朝廷的恩宠，表达自己的情感，而且写得典雅文艺，语词清丽而又不失大气。

　　另外一篇《为原州赵长史请为亡父度人表》，是王勃为原州的赵长史写的，目的是希望朝廷允许赵长史能够为死去的父亲"归葬"。"度"，是"葬地"的意思，引申为"改葬"。赵长史究竟是谁，已经不可考证了。清代蒋清翊在注中也没有提及他的具体名

字，只知道他是长史一类的文官，相当于今天的秘书长之类的官职。他的父亲叫做赵士达，被朝廷封过"持节都督丰州诸军事、丰州刺史、上柱国、南康郡王"，"高班厚禄，已极于生前；列鼓鸣箫，复光于身后"，可见，他的生前和身后是非常显达的，唯一的遗憾就是去世之后埋在了遥远的边疆，而不是故土。

从这篇文章的内容可以看出，赵士达是生活在隋代和唐代的，他忠贞不贰，忠肝义胆，讨伐过窦建德、王世充一类的军阀，文韬武略，战功赫赫，"登太行而耀甲，则建德离心；出函谷而扬麾，则王充破胆"；他东征西讨，南战北伐，最后死在了边疆地区，"西穷赤水之源，东究青丘之境。横戈北塞，尽沙漠之风尘；授钺南荒，被犷炯之矢石。义形夷险，迹遍疆场。分阃淹荣，悬车遂礼。虽死于牖下，实怀天子之恩；力尽方隅，无愧忠臣之节"；所以，赵长史遇到了圣明仁德的君主，就想把父亲归葬故土，请皇帝成全，在这里，作者先是称赞皇帝的仁德爱人，"陛下德被游魂，惠流枯骨"；接着表达赵长史的心声，即想把父亲的朽骨改葬家乡，"但臣霜露之感，瞻彼岸而神销；乌鸟之诚，俯寒泉而思咽。希开净福，庶补穷埏"；最后作者再次称赞君主的恩泽天下，说皇帝神明无比，肯定能满足赵长史的愿望，同时深深地愧疚，希望突然上书不要冒犯了高高在上的君主，心情是诚惶诚恐的：

伏惟陛下恢不次之恩，录无涯之请，使获从朝例，赐许度人，济沈识于昏涂，拯亡灵于毁宅。则陛下乾坤之施，既不隔于幽明；微臣蝼蚁之心，岂忘情于家国？是所图也，非敢望也。轻黩冕旒，若坠冰谷。

平心而论，整篇文章写得情真意挚，感人肺腑，又是用骈文写成，这就把赵长史对皇帝恩泽的感激之情以及对亡父埋骨他乡的极度痛苦、遗憾之情表达得淋漓尽致、入木三分。这篇文章虽然简短，但是语意明了，感情真挚，几乎可以媲美李密的《陈情表》了。

3. 行状

行状，是应用文的一种，在汉代的时候称为"状"，元代以后称"行状"或"行述"，也有人称之为"事略"。它主要是叙述死者世系、生平、生卒年月、籍贯、事迹的文章，常由死者的门生、故吏或者亲友撰写，因为他们对死者的具体情况很熟悉，它的作用主要是留下来为了以后给死者撰写墓志或为史官提供立传的依据。刘勰在《文心雕龙·书记》中解释说："状者，貌也。体貌本原，取其事实，先贤表谥，并有行状，状之大者也。"可见，刘勰认为它是书信的一个小分支。

关于行状的源起，《三国志·魏书·袁绍传》的注文引用了先贤行状，又据《晋书·王隐传》记载，王隐自幼勤奋好学，有专心著述的志向，经常私下记录晋朝的大事件和功臣的行状。由此可推知，魏晋时期就已经有了行状的用法。发展到了唐代，这种文体就变得较为普通了。如唐代学者李翱曾为著名的文学家韩愈写过行状，即《韩史部行状》。但是，李翱在《百官行状奏》中又写道："由是事失其本，文害于理，而行状不足以取信。"这就使得人们对行状真实性有所怀疑了。但是总体来说，行状记载的死者的生平资料还是较为可信的，是值得参考的。

在王勃的文集中，仅有一篇行状作品，即《常州刺史平原郡开国公行状》，保存在《全唐文》卷一百八十五。这篇文章是一篇

传记类文字，"常州刺史平原郡开国公"具体是谁，已经不可考证了。此文较为详细地介绍了开国公的生平事迹和在不同时期担任的各种官职，赞赏了开国公的才能、品德。这篇文章记叙了开国公出生于钟鸣鼎食之家，少年时就学习儒家的经典典籍和六艺之能，"折旋儒馆，以六艺为笙簧；轩翥翰林，用两京为鼓吹"；文韬武略，布阵打仗，样样精通，平日在朝廷中执掌军政大权，一旦有战事爆发他就领军而出，并且战无不胜，攻无不克，屡立战功，因此升迁很快，"经邦化俗，涉游夏之门庭；减灶麾兵，得孙吴之阃奥。……寰中有事，曹参希执帛之荣；阃外多虞，周缥企中军之宠。见危授命，藏器及时。攀凤羽于九霄，候龙颜于千里。萧王内寝，频献雅诚；韩信斋坛，屡迁优秩。武德三年授中郎将，俄迁大将军"。

　　后面继续介绍开国公的忠诚、战功和升官历程，大意是他在武德五年（622年）六月被授予上柱国公，九年又被封为望都县男；唐太宗贞观元年（627年）进封望都县开国侯，授左卫中郎将，不久又迁为右虞侯率，贞观某年又授高昌道行营总管，后来又授某州刺史，迁睦州刺史，"俄授使持节松州都督"；唐高宗永徽年间改沙州刺史，高宗龙朔年间又被授予熊津道总管，因功授广州都督，进封平原郡开国公，后于高宗麟德元年（664年）改授金紫光禄大夫、常州刺史。由此可见，开国公绝对是一位"运筹策帷帐之中，决胜于千里之外"（《史记·高祖本纪》）的将帅，他出将入相，勇冠三军，战功赫赫，他在战场上淡定从容，指挥着千军万马东突西奔，使得外族入侵者闻风丧胆，临阵而逃；他对朝廷忠心不二，朝廷也对他甚是信任，"乃诚匪懈，原始要终"，他还深受将士、百姓的爱戴，战士对他也是忠心耿耿，"象物而动，鼓鼙肃战士之容；推信而行，歌舞表将军之德"，最后功业大成，名垂青史。作者把他比作古代的忠臣良将如孙膑、吴起、曹参、周缲、韩信、李牧等人，可以很清晰地看出，作者对开国公是十分敬佩和仰慕的，钦佩他的文学、武功、做人与品德。

这篇文章整体以骈文写成，句式工整，文辞华丽，同时又气势磅礴，气贯长虹，是一片极其出色的行状作品。唯一的缺点就是作者没有抓住作者的典型事件来刻画人物，显得泛泛而谈，稍显空洞，因而文学性不是很强。但其中的大多数句子还是优美工整的，尤其是最后总结开国公一生品行、表达自己的哀思的部分写得更是句式整齐，文采斐然，请看下面这段文字：

呜呼哀哉！惟公间气呈姿，灵和叶庆。凤鸣千仞，鹏搏万里。情关峻远，得意于众妙之门；性宇沈凝，忘筌于毁誉之境。因心以至，孝悌表于乡同；临义而行，禄赐均于宗族。故得虬骥蠖屈，服冕乘轩。归汉于缔构之辰，游梁于骇乱之际。章沟雾碎，曳鹍尾而晨趋；甲馆烟开，奉旄头而夜警。鸣鞶出塞，进李牧之奇诚；露冕巡方，受苏章之直笔。方当献纳黄屋，揖拜青墀，入东寺而掌壶，处南台而曳履。不谓藏舟夜涉，负杖朝兴。丹丘之化未寻，元扃之痛俄及。故怨深撤乐，悲躔罢市者乎？

4. 祭文和墓志

清代蒋清翊在《王子安集笺注》附录一"王子安集佚文"中收录了罗振玉校录的日本庆云四年写本《王子安集》佚文，除了有二十篇序文之外，还包括一篇祭文和三篇墓志。祭文为《过淮阴谒汉祖庙祭文》，三篇墓志分别为《唐故度支员外郎达奚公墓志》《归仁县主墓志》《唐故河东处士卫某夫人贺拔氏墓志》。此外，他还有三篇论，即《八卦大演论》《平台秘略论十首》《三国论》；还有《平台秘略论赞十首》和1篇《释迦如来成道记》，此处就不再作介绍了。

三、王勃的序文

序也作"叙"或称"引"，就像是今日的"引言"、"前言"，据说序始于孔子的赞《易》。它一般写在书籍或文章的前面，列于书后的称为"跋"或"后序"。严格意义上的序文是指写于文章之前的文字，不包括后序。宋代的王应麟在《辞学指南》中说："序者，序典籍之所以作。"由此可见，序文最基本的功能是交代撰写某一部典籍或某一篇文章的缘起。根据写作者的不同，可以把序文分为两类：自序和他序。自序就是自己为自己的著作撰写序文，主要是介绍自己写作的动机、宗旨和经过，如司马迁的《太史公自序》；他序是作者之外的别人，多是亲朋好友或有一定名声的仰慕者，记写作者的生平事迹和评价此著作的思想内容和艺术成就，如杨炯为王勃写的《王子安集序》。总之，按照褚斌杰先生《中国古代文体概论》中的说法就是，序文是"著作写成后，对其写作缘由、内容、体例和目次，加以叙述、申说"。后来根据写作对象的不同，又分为了饯宴序、赠别序、纪行序等之类的序文，它们都是由最基本的序文发展演变而成的。

据笔者统计，《全唐文》中收录了王勃的序文共四十四篇，保存在卷一百八十的后半部分至卷一百八十二的前半部分。再加上八篇写在诗歌、辞赋前的"并序"，一共是五十二篇。其骈文占其文章总数（除去罗振玉收录的佚文）与骈文总数的一半还多。由此观之，序文是王勃骈文创作乃至整个文章创作的最重要的一种

文体，这种重要性不仅体现在数量上，同时还体现在质量上。王勃之所以在文坛上享有盛名，除了他对唐诗的巨大贡献之外，另一个重要的原因就是他的骈文创作，而骈文创作的主体就是序文。据《新唐书·王勃传》记载："勃与杨炯、卢照邻、骆宾王皆以文章齐名，天下称'王、杨、卢、骆'，号'四杰'。"这说明，当时的"初唐四杰"是以文章闻名于当时的，其中的文章固然包括诗歌，但还是以散文为主，尤其是骈文占据着很大的比重。对此，闻一多先生在《唐诗杂论》中有过精彩论述："王杨卢骆都是文章家，'四杰'这徽号，如果不是专为评文而设的，至少它的主要意义是指他们的赋和四六文。"著名学者罗宗强先生也说过："王勃骈文杰作，主要是序。这些序中，写宴游赠别之作，往往情思真挚，心胸开阔。"王勃的序文按照题材大致可以分为宴饮序、赠别序、纪游序和诗文序四大类，其中数量最多的当属宴游序。下面笔者就王勃的序文加以分析。

（一）宴饮序

在中国古代的社会，文人与诗、文、酒永远脱不了干系，他们在自己的文章中记述着身边发生的或发生在自己身上的种种事情，其中宴游就是和这种关系紧密相连的。文人与亲朋好友在一起聚会宴饮，席中你来我往，觥筹交错，猜字划拳，饮酒赋诗，不亦乐乎。我国古代典籍里的许多诗文就是这样产生的。在宴会将要结束之时，为了记下这次欢乐的聚会，写出其中的当事者、宴饮的具体场景和结束时的大家的状态，他们往往选出一位文采很好的学者为这次宴饮写篇序文，当然有时也是某些文人事后自己写的。

作为一位多情善感和喜爱交游的文人，王勃也自然不能免俗。从现存的王勃的文章中可以看出，他是经常和友人在一起喝酒聚会的，事罢之后自己写篇文章来记下宴饮的具体过程。他在这方面的文章中往往记叙当时的情形和感觉，抒发自己的真实内心，有时会想到古代的仁人志士借以抒发感慨。王勃在这方面的作品有《夏日宴张二林亭序》《仲氏宅宴序》《越州秋日宴山亭序》《秋日宴季处士宅序》《秋日宴洛阳序》《宇文德阳宅秋夜山亭宴序》《上巳浮江宴序》《春日孙学士宅宴饮》《夏日宴宋五官宅观画障序》《滕王阁序》等文，其中以《上巳浮江宴序》《秋日宴季处士宅序》和《滕王阁序》为代表。

先看《上巳浮江宴序》，其文曰：

吾之生也有极，时之过也多绪。若夫遭主后之圣明，属天地之贞观，得畎亩之相保，以农桑为业，而托形宇宙者幸矣。况乃偃泊山水，遨游风月，樽酒于其外，文墨于其间，则造化之于我得矣，太平之纵我多矣。兹以上巳芳节，云开胜地，大江浩旷，群山纷纠。出重城而振策，下长浦而方舟。林壑清其顾盼，风云荡其怀抱。于时序躔清律，运启朱明，轻莫秀而郊戍青，落花尽而亭皋晚。丹鸎紫蝶，候芳晷而腾姿；早燕归鸿，俟迅风而弄影。岩暄蕙密，野淑兰滋，弱荷抽紫，疏萍泛绿。于是偃松舲于石坳，停桂楫于璇潭，指林岸而长怀，出河州而极睇。妍妆袨服，香惊北渚之风；翠幕元帷，彩缀南津之雾。若乃寻曲渚，历回溪，榜讴齐引，渔歌互起，飞沙溅石，湍流百势，翠巘丹崖，冈峦万色。亦有银钩犯浪，挂颊翼于文竿；琼舸乘波，耀锦鳞于画网。钟期在听，元云白雪之琴；阮籍同归，紫桂苍梧之醴。既而游盘兴远，景促时淹，野日照晴，山烟送晚。方披襟朗咏，饯斜光于碧岫之前；散发高吟，对明月于青溪之下。

客怀既畅，游思遄征。视泉石而如归，伫云霞而有自。昔周川故事，初传曲路之悲；江甸名流，始命山阴之笔。盍遵清辙，共抒幽襟，俾后之视今，亦犹今之视昔。一言均赋，六韵齐疏。谁知后来者难？辄以先成为次。

上巳节是中国汉族古老的传统节日，俗称三月三，这个节日在汉代以前定为三月上旬的巳日，后来固定在夏历三月初三。上巳，是指农历三月的第一个巳日。"上巳"最早出现在汉初的文献。《周礼》郑玄注："岁时祓除，如今三月上巳如水上之类。"据史书记载，上巳节在春秋时期就已经在流行了，它是古代举行"祓除畔浴"活动最重要的节日。在这一天，人们相约到水边沐浴、洗濯，借以除灾去邪，古俗称之为"祓禊"，《论语·先进》中的"莫春者，春服既成，冠者五六人，童子六七人，浴乎沂，风乎舞雩，咏而归"就是写的上巳节的情形。后来文人饮酒赋诗的集会，也称为修禊，如西晋成公绥《洛禊赋》记载："考吉日，简良辰，祓除解禊，同会洛滨。妖童媛女，嬉游河曲，或盥纤手，或濯素足。临清流，坐沙场，列罍樽，飞羽觞。"王羲之《兰亭集序》中也记载了"修禊"之事。可见，上巳日是古时候一个非常重要的节日，在现今的某些地区还存在着这种风俗，如云南初春的洗脚大会，就是古代祓禊的遗风。

从整个文章的思想与意境来看，这篇序文是写于王勃仕途不顺旅居巴蜀的时候。在这一年的上巳节，作者与友人来到了溪水边来观赏风景，看到如此良辰美景，他的思绪飞快地运转起来

了。在文中，他先是感叹人生短暂，生不逢时，设想如果自己遇到圣明的君主和清平的时局，归隐山林，置办些田地，自己耕耘自己收获，闲暇无事时赏月饮酒，挥墨赋诗，置身于名山大川之间，自由遨游于天地之间也是很美好的，"若夫遭主后之圣明，属天地之贞观，得畎亩之相保，以农桑为业，而托形宇宙者幸矣。况乃偃泊山水，遨游风月，樽酒于其外，文墨于其间，则造化之于我得矣，太平之纵我多矣"。接着，作者就开始描写此地的自然美景了，这是近景，天朗气清，惠风和畅，小草突出了新芽，郊野青青，鹦鹉、蝴蝶漫天飞舞，燕子、大雁也随风摆动着翅膀，来回翻飞，山花烂漫，水萍漂浮在河面上，"轻荑秀而郊戍青，落花尽而亭皋晚。丹鹦紫蝶，候芳暮而腾姿；早燕归鸿，俟迅风而弄影。岩暄蕙密，野淑兰滋，弱荷抽紫，疏萍泛绿"。再接着作者就开始描写远处的美景了，有些人把兰舟停在了浅水的地方，登上河岸向远处眺望，漫无目的地游览，这时远处传来了渔夫的歌声，再看河水水流湍急，山峰青翠，渔夫在碧水波浪之间撒开渔网捕猎游鱼，"俨松舻于石坳，停桂楫于璇潭，指林岸而长怀，出河州而极睇。妍妆袄服，香惊北渚之风；翠幕元帷，彩缀南津之雾。若乃寻曲渚，历回溪，榜讴齐引，渔歌互起，飞沙溅石，湍流百势，翠岭丹崖，冈峦万色。亦有银钩犯浪，挂赪翼于文竿；琼舸乘波，耀锦鳞于画网"。这时的作者想到了钟子期、阮籍，他们在山水之间活得同样很快乐，遗憾的是自己不能与他们同时为伴；但好的时光总是短暂的，正当人们玩得高兴的时候，不知不觉间落日晚霞浮现出来了，落日慢慢隐身在山窝之间，明月也渐渐升起来了，"游盘兴远，景促时淹，野日照晴，山烟送晚。方披襟朗咏，饯斜光于碧岫之前；散发高吟，对明月于青溪之下"。这

时的作者和朋友共同写作以抒写怀抱，作者想到了宇宙变化、时光飞逝，"人生代代无穷已"（张若虚《春江花月夜》），今日的聚会慢慢就成了梓泽丘墟，后来的人会对今日的所为作出评价。这时，作者陷入了深深的沉思之中。

不可否认，王勃在写作这篇序文的时候脑海中想到了王羲之的《兰亭集序》，从整篇文章的结构布局来看，它和《兰亭集序》是极其相仿的，它们表达的思想主旨也是相似的，本文描绘了上巳节时的河边的优美景色和作者等人集会的乐趣，抒发了作者盛事不常、盛筵难再的感叹。作者时喜时悲，喜极而悲，文章也随其感情的变化由平静而激荡，再由激荡而平静，极尽波澜起伏、抑扬顿挫之美。虽然是模仿了王羲之的作品，但还是有其自身特点的，尤其是其中的写景的句子是极其清新优美的，值得后世文人好好学习。

其次看《秋日宴季处士宅序》，其文曰：

若夫争名于朝廷者，则冠盖相趋；遁迹于丘园者，则林泉见托。虽语默非一，物我不同，而逍遥皆得性之场，动息匪自然之地。故有季处士者，远辞濠上，来游境中，披白云以开筵，俯青溪而命酌。昔时西北，则我地之琳琅；今日东南，乃他乡之竹箭。又此夜乘槎之客，犹对仙家；坐菊之宾，尚临清赏。既而依稀旧识，欢吴郑之班荆；乐莫新交，申孔程之倾盖；向时朱夏，俄涉素秋。金风生而景物清，白露下而光阴晚。庭前柳叶，才听蝉鸣；野外芦花，行看鸥上；数人之内，几度琴樽？百年之中，少时风月。兰亭有昔时之会，竹林无今日之欢。丈夫不纵志于生平，何屈节于名利？人之情矣，岂曰不然？人赋一言，各申其志，使夫千载之下，四海之中，后之视今，知我咏怀抱于兹日。

　　从文章中的个别语句可以看出，这篇序文写于金秋时节。此文开篇就对比了"争名于朝廷者"和"遁迹于丘园者"这两种不同的人的人生乐趣，说明自己喜欢并选择逍遥、自然的旷达态度。接着写季处士的盛情款待及宴会地点的景色特点，此地人才济济，座中的都是"北地琳琅"、"东南竹箭"一样的人才，老友新朋齐聚一堂，开怀畅饮，有风，有景；有白露，有明月；有柳树，有蝉鸣；有芦花，有海鸥……几乎各种自然的景、物应有尽有，好不热闹。这时，作者乐极生悲，想到了离别在即，琴樽有几，人生一世，能有几个这样的时光。他想到了东晋王羲之、孙绰等人的兰亭集会。想到昔日的繁华已经沦为废墟，今日的欢乐又能持续到什么时候。想到这些，作者不仅黯然神伤，于是每个人都饮酒赋诗，以作纪念。让千百年后的后世看到自己这些人是怎么度日的。这里就又有了王羲之在《兰亭集序》中的那种感慨。不难看出，这篇文章和《上巳浮江宴序》是有着相似之处的，尤其是文章的结尾部分更是如出一辙，感情相似。

　　当然，王勃宴饮序的最高代表还要属《滕王阁序》，这才是一篇流传千古而不朽、历尽百年而不衰的旷世奇作，毫不夸张地说，它是王勃所有文学作品中写得最精彩的一篇，其文曰：

　　南昌故郡，洪都新府。星分翼轸，地接衡庐。襟三江而带五湖，控蛮荆而引瓯越。物华天宝，龙光射牛斗之墟；人杰地灵，徐孺下陈蕃之榻。雄州雾列，俊采星驰，台隍枕夷夏之交，宾主尽东南之美。都督阎公之雅望，棨戟遥临；宇文新州之懿范，襜帷暂驻。十旬休暇，胜友如云；千里逢迎，高朋满座。腾蛟起凤，孟学士之词宗；紫电青霜，王将军之武库。家君作宰，路出名区；童子何知，躬逢胜饯。

时维九月，序属三秋。潦水尽而寒潭清，烟光凝而暮山紫。俨骖騑于上路，访风景于崇阿；临帝子之长洲，得仙人之旧馆。层台耸翠，上出重霄；飞阁流丹，下临无地。鹤汀凫渚，穷岛屿之萦回；桂殿兰宫，列冈峦之体势。披绣闼，俯雕甍，山原旷其盈视，川泽纡其骇瞩。闾阎扑地，钟鸣鼎食之家；舸舰弥津，青雀黄龙之舳。虹消雨霁，彩彻云衢。落霞与孤鹜齐飞，秋水共长天一色。渔舟唱晚，响穷彭蠡之滨；雁阵惊寒，声断衡阳之浦。

遥襟俯畅，逸兴遄飞。爽籁发而清风生，纤歌凝而白云遏。睢园绿竹，气凌彭泽之樽；邺水朱华，光照临川之笔。四美具，二难并。穷睇眄于中天，极娱游于暇日。

天高地迥，觉宇宙之无穷；兴尽悲来，识盈虚之有数。望长安于日下，指吴会于云间。地势极而南溟深，天柱高而北辰远。关山难越，谁悲失路之人？萍水相逢，尽是他乡之客。怀帝阍而不见，奉宣室以何年？

嗟乎！时运不齐，命途多舛。冯唐易老，李广难封。屈贾谊于长沙，非无圣主；窜梁鸿于海曲，岂乏明时？所赖君子安贫，达人知命。老当益壮，宁知白首之心；穷且益坚，不坠青云之志。酌贪泉而觉爽，处涸辙以犹欢。北海虽赊，扶摇可接；东隅已逝，桑榆非晚。孟尝高洁，空怀报国之情；阮籍猖狂，岂效穷途之哭？

勃，三尺微命，一介书生。无路请缨，等终军之弱冠；有怀投笔，慕宗悫之长风。舍簪笏于百龄，奉晨昏于万里。非谢家之宝树，接孟氏之芳邻。他日趋庭，叨陪鲤对；今辰捧袂，喜托龙门。杨意不逢，抚凌云而自惜；钟期既遇，奏流水以何惭？

　　呜呼！胜地不常，盛筵难再，兰亭已矣，梓泽丘墟。临别赠言，幸承恩于伟饯；登高作赋，是所望于群公。敢竭鄙怀，恭疏短引。一言均赋，四韵俱成。请洒潘江，各倾陆海云尔！

　　这篇文章在《全唐文》中名曰《秋日登洪府滕王阁饯别序》，从标题字面上看，它是一篇饯别序，但实际上它是一篇宴饮序文。

　　关于这篇序文的创作时间，一直存在争议，大概有两种观点：一种说法是王勃十四岁时，另一种说法是写于王勃二十六岁时。前一种说法的依据是唐末五代时的学者王定保的《唐摭言》，王氏在《唐摭言》卷五的"以其人不称才试而后惊"条下说："王勃著《滕王阁序》，时年十四。"后一种说法的依据是元代学者辛文芳的《唐才子传》，其中的"王勃"条记载："父福畤坐是左迁交趾令。勃往省觐，途过南昌。时都督阎公新修滕王阁成，九月九日大会宾客，将令其婿作记，以夸盛事。勃至入谒，帅知其才，因请为之。勃欣然对客操觚，顷刻而就，文不加点，满座大惊。酒酣辞别，帅赠百缣，即举帆去。"而根据《旧唐书·王勃传》的记载，王勃去交趾探望父亲是在上元二年，王勃此时二十六岁。关于"童子"字眼的争论，清人李慈铭在《越缦堂读书记》中有过说明："岂知其称童子者，乃对都督尊官言之，谦辞云尔。"从这篇文章的内容和所表达的思想感情来看，应以第二种说法为准，依据有三：一是当时的王勃两次被贬黜，对官场仕途已经心灰意冷，这也符合文中表达的感情；二是作者十四岁时尚在家乡，未曾远游，也未曾遇到刘祥道进入仕途；三是文中有"等

终军之弱冠"的字眼，至少他得达到二十岁，从年龄上也不符合王氏所说的十四岁。所以，王勃写作《滕王阁序》不可能是在十四岁时，应为二十六岁，所以第二种说法就更为可信了。

关于王勃创作《滕王阁序》的过程，《唐摭言》《新唐书·王勃传》和《唐才子传》也有记载，虽然说得有些夸张，但是很符合王勃的神奇才能。《唐摭言》卷五记载说："王勃著《滕王阁序》，时年十四。都督阎公不之信，勃虽在座，而阎公意属子婿孟学士者为之，已宿构矣。及以纸笔巡让宾客，勃不辞让。公大怒，拂衣而起；专令人伺其下笔。第一报云：'南昌故郡，洪都新府。'公曰：'亦是老先生常谈！'又报云：'星分翼轸，地接衡庐。'公闻之，沈吟不言。又云：'落霞与孤鹜齐飞，秋水共长天一色。'公矍然而起曰：'此真天才，当垂不朽矣！'遂亟请宴所，极欢而罢。"《新唐书·王勃传》记载的和《唐摭言》很是相似，其中说道："初，道出钟陵，九月九日都督大宴滕王阁，宿命其婿作序以夸客，因出纸笔遍请客，莫敢当，至勃，泛然不辞。都督怒，起更衣，遣吏伺其文辄报。一再报，语益奇，乃矍然曰：'天才也！'请遂成文，极欢罢。"《唐才子传》记载的在上文已经提到了，不再引述。

就王勃的整篇文章来看，它主要铺叙了滕王阁一带的地理形势、优美景色和众多武将文士齐聚一堂的宴会盛况，抒发了作者壮志难酬、"无路请缨"的无限感慨。可以说，《滕王阁序》是作者短暂的生命在人生的最后时刻迸发出的一种感天动地的力量，它如实地反映了作者如何在个人命运的极度颓势下思考人生和梦想，而这篇序文正提供给了世人一个窥探作者真实内心的桥梁。然而，令人振奋而又痛心的是，王勃却拼尽自己的激情和力量去

用繁华的文辞将自己命运的凄苦远远支开，并且让身后及千百年后的欣赏者迷失在如此华美的文字宫殿里无法自拔。整篇文字都弥漫着一种怀才不遇、壮志未酬的悲痛。但这种痛深沉、悲壮而不稚嫩，作者仿佛是一位饱经沧桑的老者而不是一个涉世未深、不谙世事的青年。这种悲伤不是一般人所能够真切体会的。王勃将这种痛真挚、诚恳地表达了出来，直击人的心底，竟使千百年之后的世人还能产生共鸣，这不能不说是作者的文字有着极其强大的力量。我想，如果王勃在人生的终点时不能把这种郁积心底多年的感情用文字记述出来的话，那么他死后是永远不能停止喊冤的。"关山难越，谁悲失路之人？萍水相逢，尽是他乡之客"，这是王勃对自己乃至与自己有着相似遭遇的他人的生命悲剧发出的拷问，但遗憾的是，最终他也没能够找到答案；"怀帝阍而不见，奉宣室以何年"，这是文章的主旨，作者心底知道自己永远也不可能再看到那高坐庙堂之上的主宰者的身影了，也不会侍奉对方了，这种哀伤是永远的。在文章的结尾，作者也承认自己是"时运不齐，命途多舛"，但与此同时他又勉励自己"穷且益坚，不坠青云之志"，然而作者心底是明白的，失去的不可能再找回了，最后王勃又将思绪拉回了现实，"胜地不常，盛筵难再，兰亭已矣，梓泽丘墟"，昔日的繁华已经不再，当千百年后的世人回首时，他们是否还记得我们呢？挥毫泼墨，此序已成，请大家也发挥你们的潘江陆海之类的才能吧。但是，此文一出，谁与争锋？没人再敢动笔，也许是已经被王勃说尽了，抑或是震撼于作者的惊世之才。觥筹交错，众人放下酒杯陆续回家了，王勃背上行囊踏上了新的征程。只可惜天妒英才，王勃从此与世人永别了，再没有人能够对他指手画脚、颐指气使了，他赢得了流传千古的身后名和人格的自由。其实，王勃已经在《别薛华》中对自己作了概括："送送多穷路，遑遑独问津。悲凉千里道，凄断百年身。心事同漂泊，生涯共苦辛。无论去与往，俱是梦中人。"往事如烟，人生如梦。

继王勃之后，许多学者也模仿他描写过滕王阁，如唐代学者王绪写了《滕王阁赋》，王仲舒写了《滕王阁记》，历史上称它们为"三王记滕阁"佳话。唐代著名文学家韩愈也撰文《新修滕王阁记》称述"江南多临观之美，而滕王阁独为第一，有瑰伟绝特之称"，他更是十分欣赏王勃的《滕王阁序》，他说："愈既以未得造观为叹，窃喜载名其上，词列三王之次，有荣耀焉。"可见，王勃这篇序文在当时就已经颇负盛名了。

从整篇序文的艺术上来讲，这是一篇用骈体写成的诗序，是王勃乃至整个骈文界的巅峰之作，达到了写景、抒情的完美结合，语言华美，对仗工整，用典恰到好处，气势磅礴，它既是六朝骈文的创新，也是唐代骈文日趋格律化的先声。它流传千古而不朽，历尽百世而不衰。

（二）赠别序

在王勃文集中，赠别之类的序文在全部序文中占了最大的比例，他的赠别序文分为两类：一类是"赠"，即朋友要远行，送别朋友；另一类是"别"，即自己要远走，告别友人。在这两种序文中，第一种序文的比例比第二种要大一些，王勃的思想自然也主要体现在这里。在这些序文中，作者主要抒发了与朋友之间深厚的友谊、对友人的恋恋不舍和对朋友远别之后前程的担忧或祝福，有些还探讨一些关于人生、理想的深刻话题。而后一种主要是叙说自己的处境以及对朋友送别自己的感激之情。下面分类说明。

1. 赠序

古代有一种序是惜别赠言的文字，我们称之为"赠序"，他所记写的内容多是对所赠亲友的赞许、推重或勉励之辞，是一种临别赠言性质的文体。王勃的作品中就有多篇是写送别友人的，内容主要就是抒发对朋友的依依不舍的离情和对朋友的勉励。这方面的作品主要有《感兴奉送王少府序》《送劼赴太学序》《越州永兴李明府宅送萧三还齐州序》《送李十五序》《饯宇文明府序》《秋夜于绵州群官席别薛升华序》《秋日楚州郝司户宅饯崔使君序》《冬日羁游汾阴送韦少府入洛序》《江宁吴少府宅饯宴序》《送白七序》《送王赞府兄弟赴任序》等，但最具代表性的还属《感兴奉送王少府序》和《秋日饯别序》这两篇序文。

先看《感兴奉送王少府序》，其文曰：

八十有遇，共太公晚宦未迟；七岁神童，与颜回早死何益？仆一代丈夫，四海男子，衫襟缓带，拟贮鸣琴；衣袖阔裁，用安书卷。贫穷无有种，富贵不选人。高树易来风，幽松难见日。羽翼未备，独居草泽之间；翅翮若齐，即在云霄之上。鸟众多而无辨凤，马群杂而不分龙。荆山看刖足之夫，湘水闻离骚之客。人贫材富，固窥卿相之门；貌弱骨刚，岂入王侯之宅？王少府北辞伊阙，南登洒山，过我贫居，饮我清酒。一谈经史，亚比孔先生；再读词章，何如曹子建？山岳藏其迹，川泽隐其形，一旦睹风云，千年想光景。孔夫子何须频删其诗书，焉知来者不如今？郑康成何须浪注其经史，岂觉今之不如古？王少府乃可畏后生，学问人也。各为四韵，共写别怀。

从"过我贫居，饮我清酒"一句可以看出，这篇赠序写于王勃的家中，但具体写于什么时候就不得而知了。作者在这篇文章中对拜访自己的王少府倍加鼓励，同时也为自己和他的生不逢时倍感惋惜。

作者一开始就将生于清平时代的姜子牙与生不逢时的可怜人——自己和王少府作对比，突出自己和王氏的怀才不遇；接着，作者的情绪高涨起来了，气势豪迈至极，大有"王侯将相宁有种乎"（《史记·陈涉世家》）的冲天气概，在作者的眼中，人人是平等的，不分贫富贵贱，"贫穷无有种，富贵不选人"；但是现实是完全不同的，被褐怀玉者难有出头之日，碌碌无能之辈高居官位，现实分不清好坏真假，鱼龙混杂，滥竽充数者比比皆是，"高树易来风，幽松难见日"，"鸟众多而无辨凤，马群杂而不分龙"；卞和、屈原这样有才能的贤人却生活困顿，被冤枉，被贬黜，这时作者直接说出了讽刺的话语：如果人贫穷，即使你再有才能也难以进入卿相之门。再接着就开始写王少府不辞辛劳地来拜访自己，不计较我的贫贱，不嫌弃我的房屋简陋，也不计较我的清酒，这就说明了王少府是一位不功利、不趋炎附势的值得深交的好友；再说王少府学富五车，才高八斗，胸中的才学不亚于孔夫子、郑玄和曹子建，写得一手好文章，只是没有遇到好的时机来表达自己，鼓励王氏要坚信自己，写的文章已经很好了，无需删改。最后，作者发出了"后生可畏，焉知来者之不如今也"（《论语·子罕》）的赞赏。王勃在这篇序文中对青年才俊王少府倍加赞赏，极力鼓励，以说明王氏的不遇是时代的缘故，不是其自身的问题。序文写得情辞慷慨，气势十足，语言华丽，句式工整，是一篇难得的赠序之作。

其实，王勃写得最精彩的赠序是送别杨炯的《秋日饯别序》，其文曰：

黯然别之销魂，悲哉秋之为气！人之情也，伤如之何？极野苍茫，白露凉风之八月；穷途萧瑟，青山白云之万里。奏鸣琴则离鹍别鹤，惊歧路之悲心；来胜地则时雨凉风，助他乡之旅思。琴书人物，冀北关西；去马归轩，云间日下。杨学士天璞自然，地灵无对，二十八宿禀太微之一星，六十四爻受乾坤之两卦。论其器宇，沧海添江汉之波；序其文章，元圃积烟霞之气。几神之外，犹是卿云；陶铸之余，尚同嵇阮。接光仪于促席，直观明月生天；响词辩于中筵，但觉清风满室。悠哉天地，含灵有喜愠之容；丘也东西，怅望积别离之恨。烟霞直视，蛇龙去而泉石空；文酒求朋，贤俊散而琴歌断。门生饯别，如北海之郡前；高士将归，似东都之门外。研精麝墨，运思龙章，希存宿昔之资，共启相思之咏。

王勃被斥逐沛王府之后曾经西游巴蜀，不久杨炯为探望作者也来到了蜀地，两人携手游玩，饮酒赋诗，但好景不长，杨炯很快就要离开此地了。寒日萧条，秋风萧瑟，身处异乡，好友即将离去，作者倍感凄凉，不忍分别，于是写下了这篇著名的《秋日饯别序》。

开篇作者就用了两个典故，即江淹《别赋》"黯然销魂者，唯别而已矣"和宋玉《九辩》"悲哉秋之为气也，萧瑟兮草木摇落而变衰"，可以说是点名了时间和事情，铺下了一个悲伤的基调。接着，作者交代当时的情形，秋风萧瑟，白云悠悠，飞鹤在空中鸣

叫着，"极野苍茫，白露凉风之八月；穷途萧瑟，青山白云之万里。奏鸣琴则离鸾别鹤，惊歧路之悲心；来胜地则时雨凉风，助他乡之旅思"，气氛更加地哀伤了；再就是写杨炯的卓越的文才了，器宇轩昂，文辞优美，作者和他在一起如沐春风，只是马上就要分别了，"天璞自然，地灵无对，二十八宿禀太微之一星，六十四爻受乾坤之两卦。论其器宇，沧海添江汉之波；序其文章，元圃积烟霞之气"，"响词辩于中筵，但觉清风满室"；杨炯的离去使得作者有些心灰意懒了，琴声暂废，"蛇龙去而泉石空"，"贤俊散而琴歌断"，但是作者明白离别是必需的，要做好各种准备去接受它，"门生饯别，如北海之郡前；高士将归，似东都之门外"，所以作者研墨铺纸，构思华章，记下这次朋友的来访和分别，不过这次分别也是作者思念朋友的开始，这就把作者对杨炯的深情厚谊表达出来了。这篇赠序感情真挚，基调是悲伤而又豪爽的，对仗很是整齐，音韵和谐，用典也很恰当，是一篇优秀的序文。

2. 别序

序文中还有一种类别，是自己将要离开，朋友为自己饯行、送别，自己写篇文章感谢朋友的款待、情谊和表达对朋友的感激之情，我们称这种序文为"别序"。王勃的序文中就有这样的文章，比如《别卢主簿序》《春日桑泉别王少府序》《秋晚入洛于毕公宅别道王宴序》《还冀州别洛下知己序》等文章就属于这类，其中具有代表性的作品是《春日桑泉别王少府序》和《还冀州别洛下知己序》。

先来看《春日桑泉别王少府序》，其文曰：

下官以穷途万里，动脂辖以长驱；王公以倾饯百壶，别芳筵

而促兴。是以青阳半序，明月中宵。离亭拥花草之芳，别馆积琴歌之思。去留欢尽，动息悲来。惜投分之几何，恨知音之忽间。他乡握手，自伤关塞之春；异县分襟，意切凄惶之路。既而星河渐落，烟雾仍开，高林静而霜鸟飞，长路晓而征骖动。含情不拜，空伫听于南昌；挥涕无言，请投文于西候。因探一字，四韵成篇。

很显然，通过序文的标题可以看出，这篇别序写于春天，地点是桑泉，李吉甫《元和郡县图志》中的"河中府"条记载是：临晋县，"隋开皇十六年（596年），分猗氏县于今理置桑泉县，因县东桑泉故城以为名也。天宝十二年（753年）改为临晋"。所以，桑泉在当时的名字是临晋，位于今山西省运城市的临猗县，今为临晋镇。

这是作者在桑泉告别王少府的时候写作的，此文具体写于何时不得而知，作者具体要去哪里也无从考证，"穷途万里，动脂辖以长驱"，看来作者要到很远的地方去，很可能是要去交趾探望父亲；王少府设宴款待了他，席间你来我往，觥筹交错，"王公以倾饯百壶，别芳筵而促兴"，作者写到了离亭、别馆、花草、琴声，人要远走，欢乐将尽，悲伤来袭，作者感叹知音刚找到就又要远别了，很是伤感，"去留欢尽，动息悲来。惜投分之几何，恨知音之忽间"；在他乡和朋友分别，悲上加悲，愁中增愁，更加凄楚伤神，作者在星星渐渐沉没的破晓出发了，树林清净，鸟儿也早起来了，似乎是为作者的离别送行，作者心底沉重，抹掉眼泪之后就驾车前行了。这篇序文虽然篇幅简短，但写景和抒情都显得比较自然流畅，用典也较以前稀少了，文字圆润清新，语调抑扬顿挫，对仗也较工整，感情真挚，令人感动。

再来看王勃别序的另一篇代表作《还冀州别洛下知己序》，其文曰：

东西南北，某也何从？寒暑阴阳，时哉不与。河阳古树，无复残花；合浦寒烟，空惊坠叶。王生卖药，入天子之中都；夏统乘舟，属群公之大会。风烟匝地，车马如龙；钟鼓沸天，美人似玉。芳筵交映，旁征豹象之胎；华馔重开，直抉蛟龙之髓。季鹰之思吴命驾，果为秋风；伯鸾之适越登山，以求渌水。辞故友，谢时人。登鄂坂而迂回，入邙山而北走。何年风月，三山沧海之春？何处风花，一曲青溪之路？宾鸿逐暖，孤飞万里之中；仙鹤随云，直去千年之后。悲夫！光阴难再，子卿殷勤于少卿；风景不殊，赵北相望于洛北。鸳鸯雅什，俱为赠别之资；鹦鹉奇杯，共尽忘忧之酒。

"冀州"，据《元和郡县图志》卷十七"河北道二"之"冀州"条记载："隋开皇三年（583年）罢（长乐）郡为冀州，大业三年（607年）复为信都郡。隋末陷贼，武德四年（621年）讨平窦建德，改为冀州。"从此，冀州就是这个名字了。今天的冀州是河北省衡水市下辖的一个县级市，位于河北省的中南部。

从序文的标题来看，作者是要从洛阳去冀州，具体在什么时候已经不可考证了，只知道是关系特别好的友人来送别作者。本文开篇就奠定了一种无奈、迷茫的基调，有种无从所适的悲凉感受，他感叹不知何往，时光不再，"东西南北，某也何从？寒暑阴阳，时哉不与"；接着使用潘岳河阳之花和合浦珍珠的典故，只是

桃花已经不再，珍珠也无从寻找，作者寄予了一种好的东西失去就不可复寻的寓意；接着就是描写了一派生机勃勃的春天景象，繁华的都市里车水马龙，舟来船往，卖药的，驾船的，摩肩接踵，美女衣着鲜艳，多如白云，宴会频仍，各种筵席上都摆放着山珍海味，人们在尽情地享用着，呈现出了一种繁华的景象，"风烟匝地，车马如龙；钟鼓沸天，美人似玉。芳筵交映，旁征豹象之胎；华馔重开，直抉蛟龙之髓"；但繁华是属于别人的，自己想到了西晋张季鹰见秋风起而思念故乡和东汉梁鸿与妻孟光共入霸陵山中以耕织为业的典故，暗示了作者自己也有与他们一样的志向，也想像他们那样耕种田地，自给自足，于是作者告别了亲朋好友，翻山越岭地"登鄂坂而迂回，入邙山而北走"。但是，作者的顾虑又来了，时光飞逝，这样美好的时光一生能有多少，从最后的几句话来看，作者的"悲"就是离别知己和光阴短暂，王勃在文章的末尾多次叹息"光阴难再"、"风景不殊"，这才是作者真正的悲伤所在。

高步瀛先生在《唐宋文举要（下）》中选录了王勃的五篇骈文，这是其中的一篇，在本文的末尾收录了清代文学家蒋士铨的评语"清圆浏亮，学六朝者，所当问津"。从整篇文章的语言来看，本文确实写得清新流丽，文字优美，音节清脆，是一篇极为优秀的别序。

（三）纪游序

从高宗乾封初年（666年）任沛王府修撰到总章二年（669年）流浪巴蜀，从咸亨三年（672年）担当虢州参军至上元二年（675年）罢官免职，在这两段时间里，王勃是在做官的，除此之外，他都在游历。由于仕途不顺，他心里沉闷，就四处游历以求释放自己，放松心情，游玩自然山水也就成了他消解不快、调适心情的重要方式。他早年游历吴越，被逐出沛王府后游历巴蜀，任虢州参军时游览洛阳周边的景色，罢官之后去探望父亲的途中也在观赏自然、人文景观，在旅途中或参加宴会，或游赏名山大川，这时候他都会记写下来，这就形成了一些纪游的序文，我们可以称之为纪游序文。王勃这方面的序文有《游山庙序》《梓潼南江泛舟序》《晚秋游武担山寺序》《秋日游莲池序》《夏日登龙门楼寓望序》《夏日登韩城门楼寓望序》《山亭思友人序》等文，但是其中最具代表性的还是《游山庙序》《秋日游莲池序》和《夏日登韩城门楼寓望序》这三篇文章。

先看《游山庙序》，其文曰：

吾之有生，二十载矣。雅厌城阙，酷嗜江海，常学仙经，博涉道记。知轩冕可以理隔，鸾凤可以术待。而事亲多衣食之虞，登朝有声利之迫。清识滞于烦城，仙骨摧于俗境。呜呼！阮籍意疏，嵇康体放，有自来矣。常恐运促风火，身非金石；遂令林壑交丧，烟霞板荡。此仆所以怀泉涂而惴恐，临山河而叹息者也。

粤以胜友良暇，相与游于元武西山庙，盖蜀郡三灵峰也。山东有道君庙，古者相传以名焉尔。其丹壑綦倚，元崖纠合，俯临万仞，平视重元，乘杳冥之绝境，属芬华之暮节。玉房跨霄而悬居，琼台出云而高峙。亦有野兽群狎，山莺互啭。崇松埒巨柏争阴，积濑与幽湍合响。眇眇焉，迢迢焉。王孙何以不归？羽人何以长往？其元都紫微之事耶！方敛手钟鼎，息肩岩石，绝视听于寰中，置形骸于度外，不其然乎？时预乎斯者，济阴鹿宏允、安

阳邵令远耳。盖诗以言志，不以韵数裁焉。

从"吾之有生，二十载矣"一句可以看出，这篇序文写于作者二十岁时，即公元669年，高宗总章二年。据王勃《入蜀纪行诗序》"总章二年五月癸卯，余自长安观景物于蜀"可知，王勃就是在669年这一年来到蜀地的，原因就是王勃因写《檄英王鸡文》得罪了唐高宗，被逐出了沛王府。写作的地点当然就是蜀地了，文中"相与游于元武西山庙，盖蜀郡三灵峰也"即点名了元武西山庙在蜀郡这个地方。当时和作者一块游玩的是济阴（今山东省菏泽市附近）的鹿宏允和安阳（今河南省安阳市附近）的邵令远，即邵大震。

从整篇文章的感情来看，作者是带了一些抱怨、不满情绪的，这也是理所当然的，因为谁也没有想到，自己会因玩游戏似地写了一篇文章而被罢官免职，还被逐出了沛王府，所以才来到了这个地方来放松心情，消解郁闷。文章开篇就说自己有些灰心了，讨厌尔虞我诈的官场，喜爱自由自在的江海湖泊，还喜欢道家的修行，可见这个时候的王勃就对道家有了兴趣。作者在玩的时候也会惦记着家人的衣食之忧，但是朝廷是个名利场，以自己放荡不羁的性格是不适合在那个地方的，"事亲多衣食之虞，登朝有声利之迫"；虽然自己喜爱山泉林野，但在这里作者会常常感到惴惴不安，所以，总体来说，王勃此时的心情是极其矛盾的。

作者相约好友鹿宏允和邵大震一起到元武西山庙来登山赏庙，放松自己，接着就是具体描写山庙周围的景色了，山峰陡峭，丘壑深深，可达万仞，山庙的玉房和琼台就像悬在高高的上空一样，悠悠地飘荡着；此地的动物也有很多，上有婉转歌唱的山莺，

下有群聚在一起嬉闹狎戏的野兽，高大的松树和柏树一起争奇斗高，直入云霄，从沙石上流过的急水与流淌的溪水合在一起，整个环境是那么的静谧，静得令人惊奇。这时，作者想到了《楚辞·招隐士》中"王孙游兮不归，春草生兮萋萋"，竟有些思念故乡了，但作者还是想置身于俗世之外，倾心静听河水的流淌声和山间的鸟叫声。最后，作者交代了自己的同游者：济阴鹿宏允、安阳邵令远。可以说，整篇序文语词清新流丽，意境静谧得有些孤独，句式不似之前那么整齐了，称得上是一篇优秀的纪游文。

其次来看《秋日游莲池序》，其文曰：

人间龌龊，抱风云者几人？庶俗纷纭，得英奇者何有？烟霞召我，相望道术之门；文酒起予，放浪沈潜之地。少留逸客，塞雁飞鸣。北斗横而天地秋，西金用而风露降。幽居少事，野性多闲，登石岸而铺筵，坐沙场而列席。琳琅触目，朗月清风之俊人；珠玉在傍，鸾凤虬龙之君子。汀洲地远，波涛溅日月之辉；人野路殊，原隰拥神仙之气。平郊树直，曲浦莲肥；隐士泥清，仙人水绿。越林亭而极望，生死都捐；出宇宙以长怀，心灵若丧。悲夫！秋者愁也。酌浊酒以荡幽襟，志之所之；用清文而销积恨，我之怀矣。能无情乎？

从整篇序文表现出的感情来看，此文应写于作者被贬官之后，时间是在金秋时节，地点也不是在家乡，因为文中有"少留逸客"的字眼，大概作于游历蜀地之时。序文一开始就充满了对世间俗事的抱怨、不满，"人间龌龊"，"庶俗纷纭"；接着交代游览莲池的时间，是在金秋时节，"北斗横而天地秋，西金用而风露

降"；作者无事可做，就想要去舍外游赏风景，在河岸或沙滩上铺展席子摆上瓜果酒肴，尽情享用。和作者一起游玩的都是英俊潇洒、玉树临风般的人物，他们才能卓著，品德高尚，都是些谦谦君子。他们志同道合，一起走到水边的平地去观赏傍晚的落日洒落在河面上的光辉，平坦的郊野上矗立着笔直挺拔的树木，靠近水边的肥沃的土地上开满了荷花，泥土下面结着肥白美味的藕瓜，空中散着泥土的气息，河水清澈见底、纯净。置身此间，已经忘记了生死，也忘却了宇宙这个实体的存在。然而，作者在心情高兴的同时又难免有些伤感，毕竟是在被打击了之后，心情自然是郁闷的，所以他说"心灵若丧"。整体上来说，王勃还是没有逃出宋玉《九辩》创立的"悲秋"传统的牢笼，"悲哉秋之为气也，萧瑟兮草木摇落而变衰"，"万里悲秋常作客"（杜甫《登高》），秋天难免会使人有些悲伤，像刘禹锡那种爱秋天胜过春天的人毕竟是少数，所以作者用喝酒来消除忧郁，以写文章来释放胸中一直以来的沉闷，"酌浊酒以荡幽襟"，"用清文而销积恨"，有情之人自然是如此的。实际上，虽然作者和朋友一同观赏大自然的美丽风光，表面上看似乎是放松了，其实他一直沉浸在自己内心的悲痛中，那里犹如一座被悲伤环绕的藩篱，王勃始终没能够逃出来。

再看另一篇代表作《夏日登韩城门楼寓望序》，其文曰：

下官狂走不调，东西南北之人也。流离岁月，羁旅山川，辍仙驾于殊乡，遇良朋于异县。面胜地，陟危楼，放旷怀抱，驱驰耳目。韩原奥壤，昔时开战斗之场；秦塞雄都，今日列山河之郡。池台左右，觉风云之助人；林麓周回，观岩泉之入兴。则有惊花乱下，戏鸟平飞，荷叶滋而晓雾繁，竹院静而炎氛息。赏欢

文酒，思挽云霄。人赋一言，庶旌六韵云尔。

这篇序文应作于上元二年（675年）的夏天，作者从汾阴要回故乡的途中，这时他经过了韩城，登上了城楼，有感而发写下了这篇序文。作者有感于近年来漂泊不定的行踪，远离了故土，所以很是思念家乡。这篇文章就抒发了这种厌倦了羁旅生涯、思念家乡的情感。

开篇就说到了这种感觉，诉说自己常年漂泊在外，常在他乡遇到朋友，"流离岁月，羁旅山川，辍仙驾于殊乡，遇良朋于异县"；接着就是作者放眼望去，舒展怀抱，描写登上韩城城楼所看到的景色了：先是介绍韩城的地理位置，它在古时候是战争之场、边塞要地；城楼的池台和周围都有树木环绕，远有山峰，近有泉水，花朵由于鸟儿的纷飞惊扰而纷纷落下，荷叶润泽，迷雾稍显得有些浓重，静静的院子里在了许多竹子，天气也不显得那么热了。作者看到这些，心情稍显开心了一些，观赏之余饮起了美酒，但是对故乡的思念之情还是很强烈，"思挽云霄"。总之，这篇序文写景与抒情结合得很好，情寓景中，情真意切。

除了以上提到的这些纪游序文之外，还有两篇值得商榷，即《游冀州韩家园序》和《三月上巳袚禊序》。关于前者，其文中说"陶陶然，落落然，则大唐调露之元年献岁正月也"，据此可见，此文写于唐高宗调露元年（679年）的正月，此时王勃已经死去三年了。而对于后者，据其本文的文字"永淳二年，暮春三月，修袚禊于献之山亭也"来看，此文是写于高宗永淳二年（683年），但这时候王勃已经死去七年了。这两篇文章具体写于何时，是否是出自王勃之手，《全唐文》编者是基于什么原因把它编入的，都是值得讨论的地方。

（四）诗文序

在古代，有一种是写在诗歌前面的序，叫"诗序"，多交代所咏故事的时间、地点或作诗的缘起等有关内容。当然也有些是写在散文前面的序文。王勃文集中也有几篇这样的序文，包括诗序和文序两类，前者如《入蜀纪行诗序》《夏日诸公见寻访诗序》，后者如《采莲赋并序》《慈竹赋并序》《游庙山赋并序》《四分律宗记序》《续书序》《黄帝八十一难经序》等。

其一，王勃的诗序主要是介绍了自己作诗的大致情况，有时交代当时的时间、地点以及写诗的缘由，有时还要记录下来创作的情况。如《入蜀纪行诗序》就交代了写作入蜀纪行诗的创作时间是"总章二年五月癸卯"；地点是从长安到蜀地的途中以及目的地；背景是作者由长安到巴蜀观赏景物，放松心情，"余自长安观景物于蜀"；表面上的写作原因是山川自然的感召与濡染，"山川之感召多矣，余能无情哉？"创作的结果是"爰成文律，用宣行唱，编为三十首，投诸好事焉"。这就把入蜀纪行诗的大致情况交代得很清楚了。再如《夏日诸公见寻访诗序》，其文曰：

天地不仁，造化无力，授仆以幽忧孤愤之性，禀仆以耿介不平之气。顿忘山岳，坎坷于唐尧之朝；傲想烟霞，憔悴于圣明之代。情可知矣。赖乎神交胜友，得山泽之虬龙；隐路幽居，降云霄之鸾凤；杨公沈公，行之者仁义礼智，用之也乾元亨利。元经苦而白凤翔，素牒开而紫鳞降。金门待诏，谒天子于朝廷；石室寻真，访下走于丘壑。幽人待士，非无北壁之书；隐士迎宾，自

有西山之馔。席门蓬巷，伫高士之来游；丛桂幽兰，喜王孙之相对。山南花圃，涧北松林，黄雀至而清风生，白鹤飞而苍云起。停琴绿水，仲长统之欢娱；置酒青山，郭子期之宾客。人探一字，四韵成篇。

上元二年（675年），杖杀官奴事发，王勃被免官回到了家乡龙门。这年夏天，杨炯与沈佺期到访，作者的心情异常激动，之后挥笔写下了这篇序文。先是陈述自己人生的坎坷仕途和耿直的性格："天地不仁，造化无力。授仆以幽忧孤愤之性，禀仆以耿介不平之气。顿忘山岳，坎坷于唐尧之朝；傲想烟霞，憔悴于圣明之代，情可知矣。"然后陈述因好友的不离不弃而感动万分的心情，"杨公沈公，行之者仁义礼智，用之也乾元亨利"。在本文中，王勃主要交代了自己写作此文的缘由，关于时间，如果细心分析，也不难得出，据《登科记考》卷二记载，沈佺期于上元二年和宋之问、刘希夷一起登进士第，文中的"金门待诏"即指此事。朋友到访，作者的心情自然是异常愉悦的，游遍青山绿水。所以，《夏日诸公见寻访诗序》将写作诸公到访的诗歌的大致情况也交代得很明白了。

其二，关于王勃的文序，它包括两类：

一类是辞赋前的"并序"，如《采莲赋并序》《慈竹赋并序》《游庙山赋并序》等文，这些"并序"没有脱离辞赋正文而独立成篇，它们只是辞赋的引言、补充，其作用和诗序相似，主要交代写作这些赋作的时间、地点以及写作缘由，正如骆祥发先生在《初唐四杰研究》中说的那样："主要交代诗赋写作的背景，抒发自身的感慨，大都篇幅短小，言简意赅，写得颇有声色。"据笔者统计，王勃现存辞赋12篇，赋前有并序的有8篇，其中最具代表性的当属《春思赋并序》，其文曰：

咸亨二年，余春秋二十有二，旅寓巴蜀，浮游岁序。殷忧明时，坎壈圣代。九陇县令河东柳太易，英达君子也，仆从游焉。高谈胸怀，颇泄愤懑。于时春也，风光依然。古人云："风景不殊，举目有山河之异，不其悲乎？"仆不才，耿介之士也。窃禀宇宙独用之心，受天地不平之气，虽弱植一介，穷途千里，未尝下情于公侯，屈色于流俗，凛然以金石自匹，犹不能忘情于春。则知春之所及远矣，春之所感深矣，此仆所以抚穷贱而惜光阴，怀功名而悲岁月也。岂徒幽宫狭路，陌上桑间而已哉？屈平有言："目极千里伤春心。"因作《春思赋》，庶几乎以极春之所至，析心之去就云尔。

王勃的这篇并序可以说是最具代表性的，开篇即点名了时间是在咸亨二年（671年）的春天，当时作者22岁；地点是在蜀地，"旅寓巴蜀"；同伴是九陇县的县令，名字叫柳太易，在作者的眼里，他是一位有才识、有品德的君子；作者还介绍了自己的脾气秉性和当时的处境、心情，他说自己是个耿直的人，虽然地位低微，毫无背景，但是自己从不趋炎附势，屈己事人，不与流俗同流合污，有自己独特的坚持；作者还引用古代名人的语言，在这明媚的春天，本应高兴地享受美好的时光，但是自己却远离故土，时光荏苒，美好的事物容易逝去，所以他有些伤心，于是才写了《春思赋》。这样，作者就在并序里把写作《春思赋》的时间、地点、友人、处境、心情以及写作缘由交代得一清二楚了。

而且，整篇序文短短二百多字，篇幅虽然短小但却凝练，感情抒发真切自然，毫无扭捏造作之感，在艺术价值几乎超过了主体辞赋。

另一类是著述前的书序，如《续书序》《黄帝八十一难经序》等。《续书序》主要叙述了作者修补祖父王通著作《续书》所缺失的十六篇的概况，以及自己为之作序的过程。王勃在这篇序文中主要是对祖父及门风的一些赞扬，对祖父授业讲学也作了一些介绍，可以说它是作者赞扬家族历史的优秀传统的文章，多多少少有些自夸之嫌，如"我先君文中子，实秉睿懿，生于隋末，睹后作之违方，忧异端之害正，乃喟然曰：'宣尼既没，文不在兹乎？'遂约大义，删旧章，续诗为三百六十篇，考伪乱而修《元经》，正礼乐以旌后王之失，述易赞以申先师之旨。经始汉魏，迄于有晋，择其典物宜于教者，续书为百二十篇，而广大悉备。嗟乎，贤圣之述，岂多为哉？噫！亦足垂训作则，冒天下之道，如斯而已矣"。还记述了自己修补《续书》的时间是"自总章二年（669年），洎乎咸亨五年（674年）"。值得一提的是，这篇序文几乎全是用散体写成的，而不是用作者最擅长的骈文，这在王勃文章里算是相当独特的。本文语言也较为质朴，毫无藻饰，像是一篇家族自传性质的散文。

而《黄帝八十一难经序》是一篇以记叙为主的序文，他一开篇就交代了《黄帝八十一难经》一书的传承情况：

《黄帝八十一难经》，是医经之秘录也。昔者岐伯以授黄帝，黄帝历九师以授伊尹，伊尹以授汤，汤历六师以授太公，太公授文王，文王历九师以授医和，医和历六师以授秦越人，秦越人始定立章句，历九师以授华佗，华佗历六师以授黄公，黄公以授曹夫子。

接着，作者介绍了师父曹夫子的姓名、籍贯和高超的医术：

曹夫子讳元，字真道，自云京兆人也。盖授黄公之术，洞明医道，至能遥望气色，彻视腑脏。洗肠剖胸之术，往往行焉。浮沈人间，莫有知者。

在文章的后半部分，作者又介绍了自己求学于曹夫子的原因、拜师与学习过程和自己为《黄帝八十一难经》一书作序的原因。在这一部分，作者不是对曹夫子的情况泛泛而谈，而是选取了两个较为典型的情节，即初见师父、拜别师父，形象地突出了师父高尚的人格和品德：

以大唐龙朔元年岁次庚申冬至后甲子，予遇夫子于长安。抚勃曰："无欲也。"勃再拜稽首，遂归心焉，虽父伯兄弟，不能知也。盖授《周易章句》及《黄帝·素问》《难经》，乃知三才六甲之事，明堂玉匮之数，十五月而毕，将别，谓勃曰："阴阳之道，不可妄宣也。针石之道，不可妄传也。无猖狂以自彰，当阴沈以自深也。"

王勃的这篇序文短小精悍，叙事有简有繁，详略得当，在行文上以散为主，骈散结合得很是合理，是一篇优秀的书序作品。

综上所述，骈文在王勃的所有文章中是占绝大多数的，其体裁包括书、启、颂、碑文、墓志、序文等，是他散文的主体、核心。不管是辞赋、应用文还是序文，他都写得有声有色，艺术技巧高超，同时也有着很高的艺术价值，不仅在当时有着极其广泛的影响，甚至在后世乃至整个古代文学史里都有着很重要的地位。

第四章 王勃与其他三杰的比较

在初唐文坛上，"初唐四杰"是一个极其耀眼的名字。"四杰"，习惯上称为王、杨、卢、骆，这也许是当时的人按照四个人的文才、名声来排序的。"王"即指王勃，此外的三个人分别为杨炯、卢照邻和骆宾王。他们主要活动于唐高宗、武后时期，从年龄上来看，卢骆比王杨"平均大了十岁的光景"（《唐诗杂论·四杰》）。

"初唐四杰"这一名称最早见于与"四杰"同时或稍晚的郗云卿为骆宾王文集作的《骆宾王文集序》中："（骆宾王）高宗朝与卢照邻、杨炯、王勃文词齐名，海内称焉。号为'四杰'，亦云'卢骆杨王四才子'。"可见，"初唐四杰"在当时就已经很有文名了。

关于"四杰"的排名顺序，史料中记载得很不统一，各种说法皆有，不一而足。唐代郗云卿的排列顺序为"卢骆杨王"，宋之问《祭杜学士审言文》排列为"王杨卢骆"，唐代张说《赠太尉裴公神道碑》记述的顺序是"骆卢王杨"，《全唐诗》的杨炯小传中记载的张说的话是"（杨炯）既优于卢，又不减王也"，杜甫《戏

为六绝句》中说的是"王杨卢骆"，《朝野佥载》说"世称王杨卢骆"，五代后晋刘昫等《旧唐书·裴行俭传》以"杨王卢骆"为序，而《旧唐书·杨炯传》的排列顺序却是"王杨卢骆"。宋代欧阳修、宋祁《新唐书·王勃传》记载说："勃与杨炯、卢照邻、骆宾王皆以文章齐名，天下称'王、杨、卢、骆'，号'四杰'。炯尝曰：'吾愧在卢前，耻居王后。'"元代辛文芳《唐才子传·杨炯传》也记载了"吾愧在卢前，耻居王后"这句话，明代王世贞《艺苑卮言》卷四的第四则记载为"卢骆王杨"。可见，对"四杰"的排名顺序是众说纷纭、莫衷一是的，不管论说者是由于个人爱好还是判分的标准不同，不管后世学者是否继承了前世学者的排名顺序，总之，这四个人的贡献、地位是评说者一致肯定的。不过，今人一般还是以"王杨卢骆"为序，闻一多先生的一个理由是王、杨在诗歌的形式上沾了光，因为五律才是当时诗歌的正宗，而王、杨专攻五律。研究"四杰"排名这一方面的论文也有很多，此处就不赘言了。

关于"四杰"的生活与仕途，《旧唐书·裴行俭传》记载了裴行俭对"四杰"的预言，"时有后进杨炯、王勃、卢照邻、骆宾王并以文章见称，吏部侍郎李敬玄盛为延誉，引以示行俭，行俭曰：'才名有之，爵禄盖寡。杨应至令长，余并鲜能令终。'……皆如其言"。闻一多先生在《唐诗杂论·四杰》中概括为"年少而才高，官小而名大"，性格上都"浮躁浅露"，这就决定了他们的仕途是不会一帆风顺的，换言之，就是性格决定命运。

一、诗歌内容及其艺术风格

笔者据《全唐诗》统计，"初唐四杰"的存诗数量不算太多，

王勃存诗两卷（卷五十五—五十六）共八十八首，杨炯一卷（卷五十）三十三首，卢照邻两卷（卷四十一——四十二）八十九首，骆宾王三卷（卷七十七—七十九）一百三十首。其中，最多的是骆宾王，最少的是杨炯。"四杰"都是创作诗歌的好手，无论从形式还是内容上，他们的诗歌既有相同的地方，也有不同之处。

（一）从形式上来讲，他们各有所长，王、杨擅长五言律诗，卢、骆长于歌行，但这不是绝对的，只是他们在这一方面较为擅长而已。王、杨虽擅长五律，但也有歌行传世，而且有的质量还颇高，如王勃的《秋夜长》《采莲曲》，杨炯的《奉和上元酺宴应诏》《巫峡》；卢、骆同样也写有五言律诗，如卢照邻的《春晚山庄》，骆宾王的《在狱咏蝉》等作品。关于这一点，闻一多先生《唐诗杂论·四杰》有过概括："卢骆擅长七言歌行，王杨专工五律。"

（二）从内容上来看，"四杰"的诗歌虽然数量不多，但思想内容都很丰富，具体如下：

王勃诗歌的主要内容是怀人送别、游赏纪行、羁旅思乡和闺妇思夫，此外还有描写昔胜今衰、抒写自己抱负的诗篇。其诗歌的侧重点是，不论是在哪种内容的诗歌，他都抒发自己的那种被贬斥、排遣苦闷的复杂内心。这些在前面已经论述过了，此处不再赘述。

卢照邻主要是为自己悲苦的命运而呼号呐喊，他的诗歌主要是边塞诗、感慨身世、游赏纪行、怀人送别和抒写闲情逸趣，此外还有征夫思妇、咏史、描写宴会与爱情、感慨人生、思念故乡等内容。值得注意的是，无论在边塞诗、送别诗还是纪行诗、思乡诗中，都充满着对自己身世的哀怜与不幸命运的痛苦，这是他诗歌的主旋律，当然这多数是由他的遭遇经历所决定的。如他那

首著名的《赠李荣道士》，作者先是写景，在最后表明主旨"独有南冠客，耿耿泣离群"，那种孤苦、悲伤的心情就表露无遗了。其诗前期诗风高昂、奔放，如《刘生》《紫骝马》和《十五夜观灯》；后期悲凉、凄苦，如《赠益府群官》和《失群雁》。

杨炯诗歌的主要内容是酬唱应答、送别朋友、边塞诗和山水纪行，此外还有闺妇思夫、思念故乡和感叹时光飞逝的诗。骆宾王诗歌的主要内容是羁旅思乡、游赏纪行、怀人送别、感慨身世与志向和边塞诗，此外有同情下层女子的生活与命运、女子思夫、咏史和描写现实的诗歌。杨、骆二人相对于王、卢而言，在思想内容上的侧重点就显得没那么明显了，在各自的不同题材的诗歌中表达着各自的感情，而这种感情就是"四杰"所共同拥有的怀才不遇、壮志未酬和生不逢时。

值得注意的是，"四杰"还有一个特别引人注目的题材，即描写战争题材的诗歌，我们习惯上称之为边塞诗。王勃主要在《秋夜长》和《采莲曲》中表露出了这种内容，如"思自伤，征夫万里戍他乡"（《秋夜长》），"塞外征夫犹未还，江南采莲今已暮"，"共问寒江千里外，征客关山路几重"（《采莲曲》）。杨炯是真切地写过边塞诗的，虽然它未到过边塞，其边塞诗共六首，他最著名的边塞诗要属《从军行》，其中的名句"宁为百夫长，胜作一书生"更是为世人称道。此处，笔者想主要阐述他的另外一篇诗作《战城南》，其诗曰：

塞北途辽远，城南战苦辛。

幡旗如鸟翼，甲胄似鱼鳞。

冻水寒伤马，悲风愁杀人。

寸心明白日，千里暗黄尘。

战城南，是乐府《鼓吹曲辞·汉饶歌十八曲》之一，其本意是主要描写战争中伤亡的景象，本诗也不例外，这首诗主要写了边塞将士征战的艰苦和勇于报国的志向。首联就点名了战争场地之远，颔联以把幡旗比作鸟的翅膀、把铠甲比作鱼的鳞片来突出边塞将士之多，战斗之辛苦；颈联以"冻水"、"悲风"来衬托将士的悲愁，在诗的尾联，作者表明了将士心中的迷茫。主题突出，格调苍莽而悲壮。其中，作者还在诗中化用古人的诗句，如"冻水寒伤马"化自魏代陈琳的《饮马长城窟行》中的"水寒伤马骨"，"悲风愁杀人"化自《古诗十九首》中的"白杨多悲风，萧萧愁杀人"，作者以自己的语言出之，很符合所要描写的对象和场景，不露痕迹，恰到好处。此外，《出塞》《刘生》《骢马》《紫骝马》也是这方面的代表。

卢照邻也有六首边塞诗，大都作于前期，主要描写战士征战的勇敢、豪迈与建功立业的壮志雄心，诗歌感情高亢激昂，颇具刚健之气。如《刘生》中的渴望建功立业、为国请缨的刘生，《紫骝马》中那匹驰骋疆场、无所畏惧的骏马，《战城南》中那位浴血奋战、为国效命的将军等等，不管描写的场面多么残酷、恶劣，其中的形象都是高亢激昂、勇敢无畏的，流露出的情绪绝不是消极萎靡的，都饱含着热情，充满着理想，展现了一种蓬勃向上的激情与力量。其实，不论是"但令一顾重，不吝百身轻"的刘生，"不辞横绝漠，流血几时干"的紫骝马，还是"应须驻白日，为待战方酣"的将军，都是诗人卢照邻的化身，代表着诗人渴望为国效力、征战沙场的理想抱负，展示了诗人在前期的那种慷慨豪迈、杀敌报国的雄心壮志。

在"四杰"中，可以考证的真正到过边塞的是骆宾王，他的边塞诗仅存七首，在这七首中最具代表性的是两首五言排律：《边城落日》和《宿温城望军营》，尤以后者为最。可以说，这两首诗才是严格意义上的边塞诗，艺术水平也很高。我们来看一下《宿温城望军营》，其诗曰：

虏地寒胶折，边城夜柝闻。兵符关帝阙，天策动将军。
塞静胡笳彻，沙明楚练分。风旗翻翼影，霜剑转龙文。
白羽摇如月，青山断若云。烟疏疑卷幔，尘灭似销氛。
投笔怀班业，临戎想顾勋。还应雪汉耻，持此报明君。

本诗主要描写了诗人在幽州境内的温城的所见所感，先写帝王运筹，调兵遣将，次写军营以及周围的悲凉清冷的景色，最后写从戎建功的决心和报国雪耻的志向。诗人写的景物有胡笳、幡旗、宝剑、青山和烟雾等，营造了一种严肃、悲壮的氛围，之后抒发慷慨悲壮的报国之情。全诗比喻精切，情景交融，格调高昂，感情豪迈。

综上可知，王勃描写军事题材的诗作可以说不算是严格意义上的边塞诗，它主要是通过侧面烘托的手法描述的，即通过写居家妻子对戍守边疆的征夫的思念来从侧面描写军事内容；而其他三位相对来说，就是比较成熟的了，他们几乎都从正面去描写边塞的种种，直接描写边塞的某一种意象或者某种氛围。这是王勃在边塞诗题材与三位的不同之处。

此外，王勃和杨炯没有咏物诗传世，而卢照邻和骆宾王都写有不同数量的咏物诗，如卢照邻写有《浴浪鸟》《临阶竹》《含风蝉》，骆宾王著名的咏物诗是大家耳熟能详的《咏鹅诗》和《秋晨同淄川毛司马秋九咏》，分别吟咏了鹅与秋天的风、云、蝉、露、月、水、萤、菊、雁，内容丰富，韵味十足。

总之，通过对比四人的诗歌内容可以看出，"四杰"在记写怀人送别、思念故乡、游赏纪行、感慨身世遭遇这些方面是相近的，而且都占有很大的比重；在边塞诗和咏物诗方面存在着差别。他们都在这些诗歌中为自己的不平遭遇、壮志未酬而愤愤不平，为自己的漂泊不定、羁旅思乡而痛苦不已，对现实都充满了深深的不满，揭露、抨击统治者的罪恶与腐化堕落。他们的诗歌都透露出一种慷慨悲凉的气概和郁积不平的情绪。

当然，这是由他们的身世、遭遇决定的。

据两《唐书》《唐才子传》《唐诗纪事》等史料记载，这四个人中除了杨炯卒于婺州盈川县令任上还算善终之外，其他三人都死于非命：王勃溺水而亡，卢照邻沉水自尽，骆宾王最后不知所踪。而且都生年不永，王勃不到三十岁，杨炯、骆宾王不到四十五岁，卢照邻勉强过了五十岁，但一直为疾病所困扰，名存实亡。另外，他们在仕途上也很不顺利，地位卑微，官职很小，王勃只当过王府侍读、虢州参军之类的小官，而且前后两次都是很快就被夺职罢官；杨炯也仅做过校书郎、梓州司法参军、盈川县令一类的小官；卢照邻在四个人中是最凄惨的，先后做过邓王府典签、新都尉，后因感染风疾而去官，其后他一直疾病缠身，病情加重，一只手和一只脚都残废了，"不堪其苦，尝与亲属执别，遂自投颍水而死"（《旧唐书·卢照邻传》）；骆宾王也很不幸，他"高宗末，为长安主簿。坐赃，左迁临海丞，怏怏失志，弃官而去。文明中，与徐敬业于扬州作乱"（《旧唐书·骆宾王传》），作《代李敬业讨武氏檄》，后被武则天通缉，不知所往，或云被杀，或云为僧。此外，骆宾王在武后时期还曾因被人诬陷而锒铛入狱。

官小才大，就会不甘居于人下；地位卑微，心中就会充满对功名的渴望。所以，"四杰"作诗就会有一种不平之鸣和一种昂扬奋进的精神，有一种慷慨悲凉的力量，就像王勃在《游冀州韩家园序》中说的那样："高情壮思，有抑扬天地之心；雄笔奇才，有鼓怒风云之气。"

（三）在艺术特色方面，四个人虽然整体上透着一股悲凉之气和豪迈的气势，但在具体特点上还是有所差异的。明代文学家陆时雍在《诗镜总论》中评价四人的风格时说："王勃高华，杨炯雄厚，照邻清藻，宾王坦易……调入初唐，时带六朝锦色。"认真分析他们的诗歌作品就可以看出，陆时雍的评价是准确的，他在概括"四杰"诗歌的各自特点时还指出了他们的一个共同的不足，即没有彻底脱离六朝时期的浮艳绮靡的风气。

关于王勃，前面已经论说过了，不再赘述。下面主要看杨炯、卢照邻和骆宾王。

杨炯是以边塞征战诗著名，所作如《从军行》《出塞》《战城南》《紫骝马》等，表现了征战疆场、为国立功的战斗精神，气势轩昂，风格豪放。就连那抒发离情别绪的诗作都写得悲壮慷慨，全无以往送别之作的扭捏凄凉之感。其他唱和、纪游的诗篇则也很有艺术水准，或悲凉，或自然，或平淡，但还是未尽脱六朝的绮靡绮艳之风。

卢照邻擅长七言歌行，对于七言古诗的发展作出了很大贡献，他的代表作是《长安古意》，在这首七言古诗中，诗人用传统题材写自身的感受。它以铺陈的笔法，描绘了当时京都长安的现实生活场景，流露出了对美好生活的热爱和向往；同时还写了达官显贵们骄奢淫逸的生活及内部倾轧的情况，深寓讽喻之旨。此外还抒发了怀才不遇的寂寥之感和牢骚不平之气，也揭示了世事无常、荣华难久的哲理。诗笔纵横奔放，富丽华赡却未流于浮艳低迷，陆时雍《唐诗镜》中评价它说："端丽不乏风华，当在骆宾王《帝京篇》上。"它是初唐脍炙人口的名篇。

关于骆宾王，明代吴之器《骆丞列传》评价说："宾王负逸才，五言气象雄杰，构思精沈，含初包盛，卓然鲜俪。七言缀锦贯珠，汪洋洪肆，《帝京》《畴昔》，特为擅场；《灵妃》《艳情》，尤极凄靡。"虽然骆宾王也写有五言，但他最擅长的还是七言歌行，在这方面的代表作是《帝京篇》，它在形式上较为自由灵活，七言句中掺加着五言或三言，长短句交错，或振荡其势，或回旋其姿。铺叙、抒情、议论结合得较为巧妙。词藻富丽，铿锵有力，虽然承袭陈隋之遗气，但已"体制雅骚，翩翩合度"，为歌行体开辟出了一条宽阔的新路。他还写有一些五言律诗和绝句，或沉郁苍凉，或慷慨激昂，或清新隽永，张逊业在《唐八家诗·骆宾王文集序》中评价他的五言律诗"秀丽精绝，不可易及"。

陆时雍在《诗镜总论》中评价四人的话语是从他们各自所擅长的诗体来评说的，并不能概括"四杰"所有的诗歌作品，但总体上还是很精准的，概括了四人的大体风格。

二、散文内容及其艺术风格

前文已经提到了，《全唐文》的卷一百七十七至一百八十五是收录的王勃的文章，共九卷，九十五篇，体裁包括书、启、颂、碑文、墓志、序文等等，其中序文是他散文的主体、核心。关于

其他三杰，据笔者统计与分析，杨炯的文章收录在《全唐文》卷一百九十至一百九十六，共七卷，五十四篇；卢照邻的文章收录在《全唐文》卷一百六十六至一百六十七，共两卷，二十二篇；骆宾王的文章收录在《全唐文》卷一百九十七至一百九十九，共三卷，三十九篇。

（一）从数量上很明显就可以看出，"四杰"之中王勃的散文作品数量是最多的，远远超过了其他三人，为九十五篇；之后依次是杨炯、骆宾王，卢照邻的数量最少，仅二十二篇。

（二）在文章的体裁方面，王勃以序文、赋、启、碑文、书为主；在杨炯的所有文章中，主要的是有十六篇序文（加上五篇并序）、十四篇碑文、十篇墓志铭和八篇赋；卢照邻主要有十二篇序文（加上五篇并序）、五篇赋和三封书信；骆宾王则有十三篇启、十篇序文、五封书信和三篇赋。可见，"四杰"创作的主要文体都有序文和赋。王勃在序文创作上远远多于其他三位，杨炯在墓志铭上较王、卢、骆多，骆宾王在启文上较王勃多，杨炯、卢照邻没有启这类创作。王、杨创作有行状一体，而卢、骆没有。

值得一提的是，骆宾王还有一种其他三人没有的文体——檄文，或称之为露布，现存三篇。檄文这种文体出现于战国时期，其实檄文和露布是同一种文体，关于这点，刘勰在《文心雕龙·檄移》中说得明白："檄者，皦也，宣露于外，皦然明白也。……明白之文，或称露布。露布者，盖露板不封，播诸视听也。"可见，露布是一种写有文字并用以通报四方的帛制旗子，古时候多用于传递军事捷报。古时战场上士兵快马加鞭，高举露布，一路传递捷报。它可以说是古代报纸产生以前，时效性、公开性最强的传播媒介了。关于骆宾王的檄文，最著名的就是那篇大名鼎鼎

的《代李敬业讨武氏檄》，这封檄文写于嗣圣元年（684年）的九月。这一年，武则天废掉唐中宗李显而自立。九月，李敬业起兵讨伐，骆宾王在军中写下了这篇千古奇文，武则天看完之后有"宰相安得失此人"的感叹，从武氏这句话就可以看出，骆宾王的这篇文章写的是极具战斗性的，事实上也是如此。此文大体上以骈文写就，慷慨激昂，言语犀利，字字见血，句句含泪，战斗性十足。其中的名句如"入门见嫉，娥眉不肯让人；掩袖工谗，狐媚偏能惑主""一抔之土未干，六尺之孤安在？""请看今日之域中，竟是谁家之天下！"等对仗工整、针锋相对，气势慷慨悲壮，将檄文的"事昭而理辨，气盛而辞断"（《文心雕龙·檄移》）的特点发挥得淋漓尽致。

（三）在文章的思想内容方面：

其一，辞赋。

前文提到，王勃现存词赋十二篇，可分为三类：羁游赋，以《春思赋》《采莲赋》为代表；咏物赋，以《江曲孤凫赋》《寒梧栖凤赋》和《青苔赋》《慈竹赋》为代表；礼佛赋，以《释迦佛赋》为代表。其中，以咏物赋为主。在这些辞赋作品中，王勃主要抒发了对羁游漂泊、自己身世遭遇的感伤和对佛教理念的推崇与信仰，感情真挚，艺术水准很高。

杨炯现存辞赋八篇，分别是《浑天赋》《浮沤赋》《卧读书架赋》《盂兰盆赋》《幽兰赋》《青苔赋》《庭菊赋》和《老人星赋》，其中绝大多数是咏物赋；卢照邻现存辞赋五篇，《同崔少监作双槿树赋》《驯鸢赋》《穷鱼赋》《病梨树赋》和《秋霖赋》，也是以咏物赋为主；骆宾王现存两篇，即《荡子从军赋》《萤火赋》，后者为咏物赋。

显而易见，王、杨、卢、骆四人的辞赋都以咏物赋为主，这是他们辞赋的一个相同的重要内容。其实他们的所咏之物如浮沤、青苔、慈竹、幽兰、庭菊、穷鱼等，实际上是在咏叹自己，只是把自己的情志寄托在了所咏之物身上罢了，通过歌颂它们来达到表达志向的目的，或是哀叹自身遭际，如《穷鱼赋》《病梨树赋》；或是表明自身志向，如《幽兰赋》《庭菊赋》。如卢照邻的《秋霖赋》，这是一篇作者远游旅眺时的伤怀之作，文章开头就写了秋霖阴晦无光的场景，使人睹而生悲：

　　览万物兮，窃独悲此秋霖。风横天而瑟瑟，云覆海而沈沈。居人对之忧不解，行客见之思已深。

随后，作者列举了孔子、屈原、苏武等人仕途坎坷、穷苦至艰的生活遭遇，然后再把他们与统治者豪华奢侈的糜烂生活作对比，抒发了"尧舜之瞿瘝，而孔墨之艰难"的感叹。圣贤良臣为国忧心，百姓贫苦难当，为政者常常席不暇暖，作者通过这一系列的感慨来说明了仕途的艰难。与此同时，作者在其中也蕴含了自己仕途不顺的感伤。

总之，他们的咏物赋是托物喻人，以申其志。

在咏物赋之外，还有一篇与众不同的辞赋，即骆宾王的《荡子从军赋》。这是一篇描写边塞军事题材的赋作，因为作者曾经到过边塞，参与了行军打仗，所以他才写出了这样真实、生动的关于边塞的赋作。其文曰：

　　胡兵十万起妖氛，汉骑三千扫阵云。隐隐地中鸣战鼓，迢迢

天上出将军。边沙远离风尘气，塞草长萎霜露文。荡子辛苦十年行，回首关山万里情。远天横剑气，边地聚笳声。铁骑朝常警，铜焦夜不鸣。抗左贤而列阵，比右校以疏营。沧波积冻连蒲海，雨雪凝寒遍柳城。

若乃地分元徼，路指青波。边城暖气从来少，关塞元云本自多。严风凛凛将军树，苦雾苍苍太史河。既拔距而从军，且扬麾而挑战。征旆凌沙漠，戎衣犯霜霰。楼船一举争沸腾，烽火四连相隐见。戈文耿耿悬落星，马足駸駸拥飞电。终取俊而先鸣，岂论功而后殿？

征夫行乐践榆溪，倡妇衔怨坐空闺。蘼芜旧曲终难赠，芍药新诗岂易题？池前怯对鸳鸯伴，庭际羞看桃李蹊。花有情而独笑，鸟无事而恒啼。荡子别来年月久，贱妾空闺更难守。凤凰楼上罢吹箫，鹦鹉杯中休劝酒。同道书来一雁飞，此时缄怨下鸣机。裁鸳帖夜被，薰麝染春衣。屏风宛转莲花帐，夜月玲珑翡翠帷。个日新妆始复罢，只应含笑待君归。

这篇赋的前两部分主要是写边塞战争的残酷和环境的恶劣，胡兵挑起战端，唐王朝出师迎战，边塞黄沙弥天，芳草萋萋，寒风凛凛，苦雾苍苍，战士们远离故土，风餐露宿，饱受严寒的侵袭，与敌军勇敢作战，毫不胆怯；后一部分转换视角，改写家乡闺妇对丈夫的思念及落寞情绪，征夫戍守边疆，妻子独守空房，盼望着来信，在家里缝被熏衣、化妆含笑等待着丈夫的归来。前两部分语言沧桑，豪情万丈，气势如虹；后一部分语言清丽，甚至有些艳冶，风格温柔绮靡。关于这篇赋的主旨与创作手法，清人陈熙晋在《骆临海集笺注》中的赋题下面说得明白："临海夙龄

英侠，久戍边城，慷慨临戎，徘徊恋阙。借子山之赋体，摅定远之壮怀，绝塞烟尘，空闺风月。虽文托艳冶，而义协风骚。"概括得极其精确，甚是中肯。

此外，杨炯的赋作中还有两篇应诏颂圣之作，即《盂兰盆赋》和《老人星赋》。这两篇赋都写于武则天统治时期，歌颂了武则天的伟大功业与政治的清平。前者描述了武则天在如意元年（792年）将盂兰盆分送佛寺的情形，《旧唐书·杨炯传》记有此事："如意元年七月望日，宫中出盂兰盆，分送佛寺，则天御洛南门，与百僚观之。炯献《盂兰盆赋》，词甚雅丽。"此文先是叙述当日的天气、场所及从宫中引送盂兰盆的壮丽景象，接着描绘南门之前整列的近卫兵，以及"三公"以下之百官静默并立，等待武后临御，举行盛大法会，然后颂赞武后之善政，在文章的末尾叙述夕阳西下，法会结束，武后乘舆入宫。《老人星赋》全篇都在颂扬武则天的治世之功以及取得的"甘露溢，醴泉出，蓂荚生，嘉禾实"的盛世景象，将武后与前世皇帝相比，"虽前皇之盛德，又何以加于此乎？"最后结语"兵戈不起，至德承天。臣炯作颂，皇家万年"更是对武后的顶礼膜拜，盼望天朝永盛，国祚绵长。

其二，应用类之祭文。

"初唐四杰"都写有数量不等的应用性质的文章，他们的书、启、碑文、表等作品无外乎三类内容，或为了推荐自己，或推荐自己的诗文，或阐述自己的志向或文学主张等。杨炯、卢照邻、骆宾王在这方面的创作几乎很难与王勃比肩，此处姑且不再论述。然而，有一类文体值得注意，那就是祭文。"四杰"之中，王勃佚文中有1篇序文，即《过淮阴谒汉祖庙祭文》；杨炯有4篇，《为薛令祭刘少监文》《为梓州官属祭陆郪县文》《同詹事府官僚祭

郝少保文》和《祭汾阴公文》；卢照邻无祭文之作；骆宾王现存1篇，名曰《祭赵郎将文》，又名《为李总管祭赵郎将文》。

王勃的祭文标题名字下有"奉命作"三字，可见，这是为了完成皇帝布置下来的任务而写的。从整篇文字来看，总体质量不高，缺乏真情实感，倒像是一篇说教文字，主要颂扬了汉高祖刘邦推翻暴秦、建立汉朝的丰功伟绩。杨炯和骆宾王的祭文中有几篇是代人写作的，都是根据别人提供的死者的生平资料来组织文字，更多的是赞扬类的恭维文字，缺乏真实情感，木讷，过于严肃，价值不高。

然而，其中有一篇祭文高出众文之上，即杨炯的《祭汾阴公文》。文中的"汾阴公"是指薛元超，关于杨炯与死者的关系，《新唐书·杨炯传》记载："永隆二年……中书侍郎薛元超荐炯及郑祖玄、邓玄挺、崔融等，诏可。迁詹事司直。"《旧唐书·薛元超传》也记载了这件事情，大意是永隆二年，高宗幸东都，留薛元超陪太子监国，此时薛氏推荐了郑祖玄、邓玄挺、崔融与杨炯等人为崇文馆学士。薛元超，何许人也？据史料记载，薛元超，字公升，是蒲州汾阴（今山西万荣）人，是隋代著名诗人薛道衡之孙，王勃祖父王通的弟子、唐朝开国功臣薛收之子，凭借父荫进入仕途，主要活动在唐高宗时期，在朝廷历任要职，颇受器重，他还曾任宰相一职，两《唐书》中的薛元超传也说他"擅文辞"，"好引寒俊"，是一位积极提携后进的学者、清官。

杨炯在秘书省的藏书阁里度过了六七年苦闷失意的岁月之后，终于碰到了生命中的贵人，一跃成为太子詹事司直，还充任了颇负名望的崇文馆学士，自此杨炯仕途暂时进入了高峰期。他在此期间和朝中的达官显贵交往频繁，诗酒唱和，心情异常愉

悦，这从其诗歌《和石侍御山庄》《和崔司空伤姬》《和刘侍郎入隆唐观》等就可以看出。这种"春风得意马蹄疾"（孟郊《登科后》）的情绪在《崇文馆宴集诗序》中表现得更加明显：

左辅右弼之官，此焉攸集；先马后车之任，于是乎在。顾循庸菲，滥沐恩荣。属多士之后尘，预群公之末坐。听笙竽于北里，退思齐国之音；觌瑰宝于东山，自耻燕台之石。千年有属，咸蹈舞于时康；四坐勿喧，请讴歌于帝力。小子狂简，题其弁云。

细读其词，不难看出，在恭敬谦卑的语词下，作者透露出的是一种洋洋得意之情，其中又掺杂着一些积极用世之心。由此看来，薛元超对杨炯是有知遇之恩的，杨炯对薛氏也是感恩戴德的，所以在高宗弘道元年（683年）的冬天薛氏死后的第二年，即唐睿宗光宅元年（684年）的十二月，杨炯提笔蘸墨，写下了《祭汾阴公文》这篇祭文来纪念恩人，其文曰：

维大唐光宅之元祀太岁甲申冬十有二月戊寅朔丁亥御辰，杨炯以柔毛清酒之奠，敢昭告于故中书令汾阴公之贵神。惟公含纯德而载诞兮，禀元精而秀出。备百行而立身兮，半千年而委质。属天地之贞观兮，逢圣人之得一。若夔龙稷禼之寅亮舜朝兮，若萧曹魏邴之谋猷汉室。悬大名于宇宙兮，立大勋于辅弼，如何斯人而有斯疾，曾未遐寿，中年殒卒。呜乎哀哉！
若夫家传宝鼎，地辟金沟。文则属词而比事兮，学则八索而九丘，入则东藩之上相兮，出则南面之诸侯。唯尽善兮未善，固虽休而勿休。既知退而知进兮，亦能刚而能柔。大才则九功惟叙

兮，大知则万物潜周。崇德广业兮，乐天知命而不忧。呜乎哀哉！

门馆虚兮寂寞，岁穷阴兮摇落。备物俨兮如存，光灵眇兮焉托？垂穗帷与祖帐兮，罢歌台与舞阁。天子惜其毗余兮，群臣思其可作。呜乎哀哉！

拊循兮弱龄，叨袭兮簪缨。公夕拜之时也，既齿迹于渠阁；公春华之日也，又陪游于层城。参两宫而承顾盼兮，历二纪而洽恩荣。郭有道之青目兮，蔡中郎之下迎。候焉今古，非复平生。无德不报兮，愿摩顶而至足。有生必死兮，空饮恨而吞声。天惨惨兮气冥冥，月穷纪兮日上丁。藉白茅兮无咎，和黍稷兮非馨。呜乎哀哉！

本文开篇就点明了写作此文的时间，即唐睿宗光宅元年（684年）的十二月。第一段落主要是说薛元超品德高尚，人才优秀，功业显著，对唐王朝兢兢业业，鞠躬尽瘁，把他比作舜帝时期的夔、龙、后稷、契和汉朝的萧何、曹参、邴吉、魏相这些功臣，怎奈生年不永，离世而去。作者开篇就陷入了深深的伤痛与惋惜之中。第二段落是说薛氏出身于书香门第，自小就熟读儒家经典，后来出将入相，能进能退，可弱可强，具有超群的才能和智慧。第三段落主要叙述薛氏死后，众人纪念他的情况，门馆萧条，一切黯然无光，天子哀叹，同僚惋惜。最后说薛元超自进入仕途之后就受到皇帝的器重，"参两宫而承顾盼兮，历二纪而洽恩荣"；然而现在自己的感激之情还未报答，恩公却驾鹤西去，这不能不令人伤怀，虽然知道有生必有死，但还是忍不住痛哭流涕。总体来看，这篇祭文是作者从心底出发，从自己的经历而发，写

得情感真挚，语言典雅而清秀，句式工整，结合薛氏的经历、才能来看，作者的言辞是符合实际的，较少有刻意美化薛氏的意思。这篇祭文是杨炯的四篇祭文中写得最精彩的一篇，在"四杰"所有的祭文里面也是最出类拔萃的。

其三，序文。

在论述王勃的序文的时候，主要把它分为了宴饮序、赠别序、纪游序和诗文序四大类，在每一类的创作中，王勃都取得了卓越的成就。下面也主要在这几个方面比较王勃与杨炯、卢照邻、骆宾王三杰的序文。

（1）宴饮序。

前文提到，王勃在宴饮方面的序文主要有《夏日宴张二林亭序》《仲氏宅宴序》《秋日宴季处士宅序》《秋日宴洛阳序》《宇文德阳宅秋夜山亭宴序》《上巳浮江宴序》《夏日宴宋五官宅观画障序》《滕王阁序》等文，其中以《上巳浮江宴序》《秋日宴季处士宅序》和《滕王阁序》为代表，尤以《滕王阁序》为突出。在这些序文中，作者大多是描写了宴饮的场面、过程及与友人的觥筹交错之乐，有时候还交代写作的缘由，抒发了心底的真实情感，或感叹时光飞逝，或享受宴饮之乐，或忧伤怀才不遇，等等。如《秋日宴季处士宅序》中所言："兰亭有昔时之会，竹林无今日之欢。丈夫不纵志于生平，何屈节于名利？人之情矣，岂曰不然？人赋一言，各申其志，使夫千载之下，四海之中，后之视今，知我咏怀抱于兹日。"即是典型的自抒怀抱。这些序文也大多以骈文体式写就，虽然有时未脱尽六朝余气，但对仗精工，辞藻或富丽或清新，格调或沧桑或忧郁，篇幅长短不一，几乎堪称骈文的经典之作。

杨炯序文中有两篇这类的文章，即《宴族人杨八宅序》和《宴皇甫兵曹宅诗序》。其中，后者还属于诗文序一类；卢照邻也有两篇，《宴梓州南亭诗序》《宴凤泉石翁神祠诗序》，它们同时也属于诗文序；骆宾王有四篇，《秋日于益州李长史宅宴序》《晦日楚国寺宴序》《初夏邪岭送益府窦参军宴诗序》和《秋日与群公宴序》，第三篇属于诗文序一类。在杨、卢、骆这些序文中，在内容方面大体上也不外乎记述宴会的盛况和宴饮之乐，然后寄予身世之感或不平遭遇。如骆宾王的《晦日楚国寺宴序》，其文曰：

夫天下通交，忘筌蹄者盖寡；人间行乐，共烟霞者几何？群贤抱古人之清风，玩新年之淑景。情均物我，缁衣将素履同归；迹混污隆，廊庙与江湖齐致。于时春生城阙，气改川原。闻迁莺之候时，行欣官侣；见游鱼之贪饵，坐悟机心。加以慧日低轮，下禅枝而返照；法云凝盖，浮定水以涵光。忘怀在真俗之中，得性出形骸之外。虽交非习静，多惭谷口之谈；然醉可逃喧，自得山阳之气。诗言志也，可不云乎？

很明显，这很可能是作者在仕途受到打击之时所作，文字中流露出了一种忘情自我、人物合一的避世情绪，素衣淡食，登山赏水，参悟禅机，远离俗世的纷扰而静心清修，整体上透着一股肃静、淡雅的气息，引人入胜。同时也不难看出，作者心中是有些许抱怨的，"廊庙"一词就露出了痕迹，传达了他对官场的失望和对自己遭遇的愤愤不平。

（2）赠别序。

前文提到，王勃文集中有大量的赠别文，内容主要是抒发对

朋友的依依不舍的离情和对朋友的勉励。这方面的作品主要有
《感兴奉送王少府序》《送劼赴太学序》《送李十五序》《饯宇文明
府序》《秋夜于绵州群官席别薛升华序》《冬日羁游汾阴送韦少府
入洛序》《送白七序》《送王赞府兄弟赴任序》等，最具代表性的
还属《感兴奉送王少府序》和《秋日饯别序》这两篇序文。此
外，他还有几篇别文。

　　杨炯文集中也有三篇类似的赠文，不过它们同时还是诗文序
一类，即《送徐录事诗序》《送并州旻上人诗序》和《送东海孙尉
诗序》；卢照邻无此类序文；骆宾王也有四篇，分别是《饯宋三之
丰城序》《赠李八骑曹诗序》和《秋日饯麴录事使西州序》。此
外，杨炯和骆宾王没有别文一类。从实而论，杨、骆二人的写作
范围也没有超出赠文的常规内容，即抒发别离时对好友的眷恋、
不舍和对朋友前程的担忧或祝福。如杨炯的《送东海孙尉诗序》，
其文曰：

　　东川孙尉，文章动俗，符彩射人。官裁下士，宣大夫之三
德；运偶上皇，作东南之一尉。庸才扰扰，流俗喧喧，谈远近为
等差，叙中外为优劣。殊不知三元合朔，九州同轨。蓬瀛可访，
还疑上苑之中；日月不占，更似灵台之下。彼其之子，未为后
时；凡我友朋，无劳疑别。徒以士之相见，人之相知，必欲轩盖
逢迎，朝游夕处。亦常烟波阻绝，风流雨散。去矣孙侯，远离隔
矣。但当晨看旅雁，君逢系帛之书；夕望牵牛，余候乘槎之客。
未能免俗，何莫赋诗？缀集众篇，列之如左。

　　此文是作者送别孙氏友人去东南一隅担任县尉一职的时候写作

的，主要叙说了孙尉文采斐然，才高动俗，但却委屈地去担任一个县尉的小官职，作者对朋友的不幸遭遇颇有微词，但还是祝福友人前途顺畅，时常写信来告知消息。文字中抒发了对朋友的敬佩、同情、不舍和表达日后的思念之情，文中还对那些低俗的流言蜚语嗤之以鼻，给朋友精神上的安慰。情意真挚，文辞雅然。

（3）纪游序。

上文提到，从高宗乾封初年（666年）任沛王府修撰到总章二年（669年）流浪巴蜀，从咸亨三年（672年）担当虢州参军至上元二年（675年）罢官免职，在这两段时间里，王勃是在做官的，除此之外，他都在游历。他早年游历吴越，被逐出沛王府后游历巴蜀，任虢州参军时游览洛阳周边的景色，罢官之后去探望父亲的途中也在观赏自然、人文景观，在旅途中或参加宴会，或游赏名山大川，写下了许多纪游序文，主要有《游山庙序》《梓潼南江泛舟序》《晚秋游武担山寺序》《秋日游莲池序》《夏日登龙门楼寓望序》《夏日登韩城门楼寓望序》等文，其中最具代表性的还是《游山庙序》《秋日游莲池序》和《夏日登韩城门楼寓望序》。作者在这些序文中主要记述了游览途中所看到的景色，由此抒发心底的烦闷，或是思念故乡，或是慨叹漂泊，或是自伤身世。

杨炯这类的序文有两篇，即《晦日药园诗序》《群官寻杨隐居诗序》；卢照邻有一篇，《七日绵州泛舟诗序》；骆宾王有一篇，即《冒雨寻菊序》。同样，它们的写作范围也没有超出纪游文的常规内容，记述旅途所见，寄予感慨。如卢照邻的《七日绵州泛舟诗序》，其文曰：

诸公迹寓市朝，心游江海。访奇交于千里，惜良辰于寸阴。

常恐辜负琴书，荒凉山水，于是脱屣人事，鸣棹川隅，言追挂犊
之才，用卜牵牛之赏。边生经笥，送炎气以濯缨；郝氏书囊，临
秋光而曝背。似遇缑山之客，还疑星汉之游。愿驻景于高天，想
乘霓于缩地。繁丝乱响，凉酎时斟。戏翔羽于平沙，钓潜鳞于曲
浦。乘流则逝，不觉忘归。咸可赋诗，探韵成作。

　　据史料记载，唐高宗总章二年（669年），卢照邻因出任新都
尉来到了巴蜀一带，在蜀期间遇上了好友王勃，两人一起"婆娑
于蜀中，放旷诗酒"（《朝野佥载》语），游山玩水，而且还与一
名郭氏女子产生了爱情，后始乱终弃，有骆宾王诗《艳情代郭氏答
卢照邻》为证。本文即作于在蜀地的某一年的七月。从文字来看，
作者是和友人一起泛舟的；作者的心情是充满怨尤的，作者先是说
要珍惜朋友和美好时光，接着说不忍心"辜负琴书，荒凉山水"，所
以这才来到了名山大川体验生活，吟咏诗书，不知不觉沉醉其中，
"不觉忘归"。不难看出，作者心中是极其不痛快的，他不是像文中
所说的"迹寓市朝，心游江海"，而应该是"迹寓江海，心游市
朝"。身在江湖而心念魏阙，才是本文的主旨。

（4）诗文序。

　　王勃文集中的诗文序包括诗序和文序两类，前者如《入蜀纪
行诗序》《夏日诸公见寻访诗序》，后者如《采莲赋并序》《慈竹赋
并序》《游庙山赋并序》《四分律宗记序》《续书序》《黄帝八十一
难经序》。在这些序文中，作者主要交代写作的时间、地点以及缘
由，有时还要记录下来创作的情况，兼以寄予作者的感慨。序文
中包含的信息量是很大的，对于我们了解诗文创作的时间、客观
环境、主题思想都是极其有帮助的。

杨炯、卢照邻、骆宾王也写有数量不等的诗文序。杨炯在这方面的序文有十二篇，其中集序一篇，即《王子安集序》；两篇赋前并序，《浑天赋并序》《庭菊赋并序》；九篇诗序，《登秘书省阁诗序》《崇文馆宴集诗序》《李舍人山亭诗序》《送徐录事诗序》《送并州旻上人诗序》《晦日药园诗序》《群官寻杨隐居诗序》《宴皇甫兵曹宅诗序》《送东海孙尉诗序》。卢照邻共有十三篇序文，其中包括集序两篇，《驸马都尉乔君集序》《南阳公集序》；三篇赋前并序，《同崔少监作双槿树赋并序》《穷鱼赋并序》《病梨树赋并序》；文前并序两篇，《五悲文并序》《释疾文并序》；五篇诗序，《乐府杂诗序》《宴梓州南亭诗序》《七日绵州泛舟诗序》《杨明府过访诗序》和《宴凤泉石翁神祠诗序》。相对于其他三人来说，骆宾王在这方面就很薄弱了，仅存一篇赋前序，《萤火赋序》；两篇诗序，即《初夏邪岭送益府窦参军宴诗序》和《圣泉诗序》。值得注意的是，在为别人文集写的集序里，除了传统的诗序写作内容之外，他们还说明了文集主人的学术情况及其文学成就，如杨炯在《王子安集序》里就概括了王勃的著述情况，并且还盛赞了王勃在初唐文坛乃至整个唐代的历史贡献。总之，不管是集序、辞赋前并序还是诗序、文序，它们的主要作用几乎是相同的，即主要交代写作这些文章的客观环境、时间、地点、写作缘由，以及抒发自己的心里感触。如卢照邻的《穷鱼赋并序》，其文曰：

余曾有横事被拘，为群小所使，将致之深议，友人救获得免，窃感赵壹穷鸟之事，遂作《穷鱼赋》，常思报德，故冠之篇首云。

作者在这几句话里交代了写作《穷鱼赋》的原因是对朋友表达无限的感激之情，因为自己受小人的陷害而锒铛入狱，是朋友将自己救了出来。而且，作者写作此赋是受了东汉文学家赵壹《穷鸟赋》的影响。同时，作者还点明了《穷鱼赋》是文集的首篇作品。

当然，其中最为突出的是杨炯的《浑天赋并序》，其文曰：

显庆五年，炯时年十一，待制宏文馆。上元三年，始以应制举补校书郎，朝夕灵台之下，备见铜浑之象。寻返初服，卧病邱园，二十年而一徙官，斯亦拙之效也。代之言天体者，未知浑盖孰是；代之言天命者，以为祸福由人。故作《浑天赋》以辩之。

这篇序文在诗文序一类的文章里是极具代表性的，它虽然篇幅简短，仅有短短的九十一个字，但其中包含的信息量是很大的。开篇就点明了唐高宗显庆五年（660年），当时作者十一岁，在宏文馆待制，据此可以推出杨炯生于公元650年，即高宗永徽元年，和王勃是同一年出生的，这就为后世无数研究杨炯的学者提供了一个真实可信的信息；"上元三年，始以应制举补校书郎"，上元三年是公元676年，这一年杨炯担任校书郎一职，这使得他有了经常接触浑天之象的机会，为写作《浑天赋》一文打好了基础；接着，作者叙述自己的不幸遭遇，同时它也是作者写作本文的一个契机，那就是后来生病徙官了；但是作者写作《浑天赋》的直接原因是对当时乱言天体、天命之人的言论不以为然，所以要"作《浑天赋》以辩之"。与此同时，作者还抒发了内心的感慨，即生不逢时，慨叹自己地位卑微，哀叹自己的不幸遭遇。至此，杨炯就把近年的遭遇处境和写作《浑天赋》的背景、原因交代得十分清楚了。

（四）在文章的艺术特色方面：

"初唐四杰"的文章绝大多数都是骈体文，故而比较四人文章的异同只要审看他们的骈文即可大致得出。

第一，自其异者而观之，四杰的不同主要是四人在文中的寄予的情感和骈文艺术技巧方面。

在传达的情感方面，王勃的文章在心境的表达上主要以气为主，气势连绵，或悲壮沧桑，或清新秀丽，对景物的描写与所要抒发的情感能巧妙地结合在一起，极具艺术感染力，如《滕王阁序》《入蜀纪行诗序》等文。杨炯的文章较少直接透露自己的心境，也很少使用与自己心里感情直接接触的词汇，他更多的是在平铺直叙中展示文采，这和他的写作范围有很大关系，他主要生活在官场，更多的是待诏应酬，所以文采斐然，私人的情感却较为淡薄，如他的"神道碑"、"墓志铭"、"祭文"之类的文章大致如此。卢照邻生活落寞，疾病缠身，所以在抒写感情时主要是以悲情为主，借助一些悲伤、凄惨、灰暗的字眼来传达自己的身世遭际之悲，如他的辞赋多数是"穷"、"病"、"悲"等灰暗、枯燥的文字，还有《五悲文》《释疾文》之类悲叹人生，他还向众多名士写信乞求药物以治愈疾病，如《与洛阳名流朝士乞药直书》《寄裴舍人遗衣药直书》。骆宾王的文章主要是寓情理于文字之中，更多的是表达自己的心迹，这在众多的启作品中显露得更加明显，它们多是上书刺史、长史、太常、司马这些人的，或希冀得到重用，或推荐自己的诗文，以求显达；此外，在骆宾王的文章里面，多了几分侠客之气，悲壮硬朗。

在骈文艺术技巧方面，也存在些许不同。首先，在用典方面，王勃骈文用典的次数远远多于其他三杰，他最突出的用典范例即是《滕王阁序》，在这篇文章中，一共使用了二十多处，并且恰到好处，显得平实贴切、真切自然而又生动形象，毫无生硬堆砌之感；相比而言，杨、卢、骆三人文中的典故就要少很多了。其次，在语词上，王勃偏于使用山、水、林、泉之类的字眼，杨炯多使用"小子"一类低下卑微的词语，卢照邻较多使用布衣、平民之类，骆宾王文中多次出现宝剑这一艺术意象。

　　第二，自其同者而观之，"四杰"也存在着许多相似之处。

　　从文章的思想内容与基本格调来看，他们的骈文都显示出了一种强大的气势、健康的情感和高昂的格调，在富丽华赡的文辞中透着清新俊逸的气息。他们文章中都有着强烈的个人意识，高唱多才多情的自我，抒发自己的身世遭遇与喜怒哀乐，阐述自己的人生理想，如王勃《绵州北亭群官宴序》、杨炯《浑天赋并序》、卢照邻《病梨树赋并序》《释疾文并序》、骆宾王《自叙状》等文；他们在文中还流露出了强烈的时间意识，这种意识既有对时光易逝、人生短暂的感叹，也有不能实现理想抱负的失望与悲哀，如王勃《秋日宴季处士宅序》、杨炯《李舍人山亭诗序》、卢照邻《宴梓州南亭诗序》、骆宾王《与博昌父老书》等文。

　　在骈文艺术技巧方面，首先，"四杰"的文章基本上以四六句式为主，但还灵活地运用了三言、五言、七言等句式，参差多变，错落有致，这使得文章形成了一种迂回曲折的修辞效果，一种节奏之美，在感情的抒发上有一唱三叹之效。如王勃《夏日登韩城门楼寓望序》中的"面胜地，陟危楼，放旷怀抱，驱驰耳目。韩原奥壤，昔时开战斗之场；秦塞雄都，今日列山河之郡"，

杨炯《宴族人杨八宅序》中"出言斯应，则四海之内可以为兄弟；吾道不行，则同舟之人可以成胡越"，卢照邻《南阳公集序》中的"通其变，参天二地谓之神；合其机，一阴一阳谓之圣"，骆宾王《与程将军书》中"其于木也，鲁班无所措其钩绳；其于驾也，伯乐无所施其衔策"等。其次，典故的运用。"四杰"在文中经常使用典故，不论是神话典故、历史典故还是文学典故，他们几乎都运用得贴切而又生动自然。再者，散行之气的贯穿。"四杰"文中散行之气的形成，主要是使用了一些语气词、叠词、助词、虚词，这些词汇与句式变化的结合使得文气流畅自然，有起有伏，舒缓了语气，疏散流畅。如：

咸亨二年，余春秋二十有二，旅寓巴蜀，浮游岁序。殷忧明时，坎壈圣代。九陇县令河东柳太易，英达君子也，仆从游焉。（王勃《春思赋并序》）

公讳义童，字元稚，其先琅琊临沂人也。永嘉之末，徙于江外。皇运之始，迁于五陵，今为雍州万年人也。（杨炯《唐恒州刺史建昌公王公神道碑》）

癸酉之岁，余卧病于长安光德坊之官舍，父老云，是鄱阳公主之邑司，昔公主未嫁而卒，故其邑废。（卢照邻《病梨树赋并序》）

余猥以明时，久遭幽絷，见一叶之已落，知四运之将终。凄然客之为心乎？悲哉！秋之为气也。光阴无几，时事如何？大块是劳生之机，小智非周身之务。嗟乎！绨袍非旧，白首如新。（骆宾王《萤火赋》前序）

这些散句的使用都收到了很好的效果，骈散结合，以气贯之，便于叙述作者真实的亲身经历，自然生动，流畅自然。如果换用骈体文，就会显得有些生硬板滞、严肃呆板了。

第五章　王勃在文学史上的地位

在初唐时期，"四杰"作为一个群体，处在了一个过渡阶段，即由六朝、隋、唐初（高宗朝之前）的浮艳绮靡向中盛唐全面繁荣时期的过渡，可以说这是一个关键的转折点。王勃作为"初唐四杰"之首，创作了大量的诗文，这些诗文在一定程度上是既具有前者的某些特征，同时也具备后者的一些因素、气息。这反映在诗歌和骈文两个方面。

一、诗歌的地位

要想清楚、深刻地认识到王勃在诗坛的地位与作用，就必须了解他所处的一个时代背景，即孟子在《孟子·万章下》所说的"知人论世"，王勃究竟处在一个什么样的时期呢？

众所周知，诗歌发展到了六朝，尤其是到了南朝的齐、梁，发生了很大的变化。这个时候，诗歌由市井走入了宫廷，在经过齐、梁统治者及宫廷文人的润色修改，并经行了大量的模拟创作之后，产生了一种新型的诗体——宫体诗。他们将目光停留在了女性的生活圈内，更多的是对女性的审美观照和对宫室、器物以

及女性容貌、体态、服饰等方面的描写，通过艳丽的辞藻和声色的描摹来满足一种娱乐的需要，在情调上伤于轻艳，风格上比较柔靡软弱，讲究辞藻、对偶和声律。宫体艳情诗到了南朝梁、陈两世发展到了巅峰，一些朝代的帝王及大臣沉溺于此，梁武帝萧衍、梁简文帝萧纲、梁元帝萧绎，徐、庾父子及陈后主等人都是突出的代表。萧纲《咏舞诗二首》、萧绎《夕出通波阁下观妓》、庾肩吾《南苑看人还》以及陈后主《玉树后庭花》就是这方面的代表作品。关于宫体诗的特色，陈子昂在《与东方左史虬修竹篇序》中说："文章道弊五百年矣。汉、魏风骨，晋、宋莫传，然而文献有可征者。仆尝暇时观齐、梁间诗，彩丽竞繁，而兴寄都绝，每以永叹。"北宋释惠洪《冷斋夜话》卷四中有云："江左风流，久已零落，士大夫人品不高，故奇韵灭绝。"刘熙载《艺概·诗概》也说："齐、梁文辞之弊，贵清绮不重气质。"以上三人的评论概括了齐、梁诗歌的艺术特色——弱与俗，弱是说格调不高，气弱骨卑；俗是指题材、言语流于绮靡浮艳。应该说，三人的概括是合乎实际的，这一点也已经为大多数人所认同。但是，宫体诗也并不是一无是处，它在艺术形式方面对诗歌的总体发展还是有贡献的，最突出的一点就是它发展了吴歌西曲的艺术形式，并继承了齐朝永明年间"永明体"的艺术探索而更趋格律化，这就对以后律诗的形成有着重要的作用。至于它语言的风华流丽、对仗的工稳精巧以及用典隶事的艺术探索，也为后来的唐代诗人提供了很多值得借鉴的艺术经验。

隋朝紧承梁、陈而来，虽然在民歌和个别诗作中透出了稍异于齐、梁诗风的端倪，但多数诗歌还是继承下来了宫体诗的女性题材与浮艳诗风，雕琢堆砌，缺乏生气，再加上隋朝国祚短暂，所以诗风几乎未得到多大改变，鲜有可观之作。章炳麟《国故论衡·辨诗》说道："自梁简文帝初为新体，床笫之言，扬于大庭。讫陈、隋为俗……"就指出了隋承六朝之诗这一点。

唐朝建国之初，统治者吸取隋代灭亡的惨痛教训而励精图治，与民休息，革除旧弊，使得唐王朝在政治、经济等各个方面实现了繁荣。然而以诗歌为代表的初唐文学却未能够迅速跟上政治、经济的发展步伐，他们的诗歌创作主要是围绕着唐太宗及其群臣展开的，虽然他们认为诗歌应该南北诗风"各去所短，合其两长"（《隋书·文学传序》），这也是太宗及其大臣们在总结历史经验时形成的对诗歌发展方向的一种共识，但在具体实践创作中还是不可避免地蹈袭了南朝齐、梁以来的浮艳绮靡、雕琢堆砌的风气。唐太宗李世民不仅大量创作宫体诗，他还命令身边的大臣魏徵、房玄龄、虞世南等人编纂《北堂书钞》《艺文类聚》《文思博要》等类书，以便于在应制咏物的时候拾掇辞藻与典故，把诗写得华美典雅。虽然他在诗中常常抒发壮阔大气的怀抱，但在这样的诗歌中常常会带有六朝雕琢辞采的痕迹，一些咏物诗如《采芙蓉》《咏雨》《咏雪》等则完全是六朝风调。在现存的太宗、魏徵等人的诗里，感时应景、吟咏风月的题材占了绝大部分。大臣们如杨师道、李百药、许敬宗等人的诗歌虽时有妙联美句，在声律、辞藻的运用方面也日趋精妙，但还是多为奉和应制、吟风赏月之作，在风格趣味方面日益贵族化和宫廷化。

然而，在这个时候，也有个别诗人意识到了这种颓靡淫丽的诗风是不能适应时代发展的，他们在实际创作中也进行了一些革新与改变，最突出的就是魏徵和王绩。如魏徵的《述怀》和王绩的《野望》：

《述怀》云：

中原初逐鹿，投笔事戎轩。纵横计不就，慷慨志犹存。杖策谒天子，驱马出关门。请缨系南粤，凭轼下东藩。郁纡陟高岫，出没望平原。古木鸣寒鸟，空山啼夜猿。既伤千里目，还惊九折魂。岂不惮艰险，深怀国士恩。季布无二诺，侯嬴重一言。人生感意气，功名谁复论。

《野望》云：

东皋薄暮望，徙倚欲何依。树树皆秋色，山山唯落晖。牧人驱犊返，猎马带禽归。相顾无相识，长歌怀采薇。

魏徵在诗中主要抒发了投笔从戎、建功立业的抱负雄心，那种"杖策谒天子，驱马出关门。请缨系南粤，凭轼下东藩"的英雄气概，一扫唐朝初期的柔靡格调，波澜壮阔，悲壮豪放。王绩的诗则专写田园生活的闲情逸趣，这首《野望》写自己的隐居生活，突破了宫廷诗以描写宫廷为中心的生活范围，平淡质朴，清新自然，与传统宫廷诗浮艳绮靡的诗风迥然不同。令人遗憾的是，他们的这种作品极少，根本无力扭转当时诗坛的风气。

在贞观诗坛的后期，出现了一位重要的诗人，即上官仪，并且形成了一种诗体"上官体"。关于上官仪和"上官体"，《旧唐书·上官仪传》中有所记载：

上官仪，本陕州陕人也。……因私度为沙门，游情释典，尤精《三论》，兼涉猎经史，善属文。贞观初，杨仁恭为都督，深礼待之。举进士。太宗闻其名，召授弘文馆直学士，累迁秘书郎。

时太宗雅好属文，每遣仪视草，又多令继和，凡有宴集，仪尝预焉。俄又预撰《晋书》成，转起居郎，加级赐帛。高宗嗣位，迁秘书少监。龙朔二年，加银青光禄大夫、西台侍郎、同东西台三品，兼弘文馆学士如故。本以词彩自达，工于五言诗，好以绮错婉媚为本。仪既贵显，故当时多有效其体者，时人谓为"上官体"。

上官仪作诗有着高超、纯熟的艺术技巧，笔法秀逸，清丽婉转，在体物图貌方面较之前的诗人有了很大进步，也在一定程度上冲淡了齐、梁诗风的浮艳雕琢，然而他的写作范围还是没有跃出宫体诗的宫廷、风月的藩篱，如《奉和秋日即目应制》《奉和山夜临秋》《咏雪应诏》等作，还是局限于应制咏物的狭小空间，缺乏慷慨激情和雄杰之气，总体成就不高。当然，这和当时的诗坛风气和诗人们的生活、地位有关，"上官体"的诗人大都功成名就，生活优越，志得意满，生活范围极其狭窄，这在很大程度上决定了诗歌的写作范围。麟德元年（664年），上官仪及一些诗友因谗毁而被处死，"上官体"也就失去了应有的保护与支撑，再加上生命力本身就不强，所以就渐渐淡出了诗坛。在这时候，初唐诗坛出现了一股清新之气，那就是"初唐四杰"的崛起，其中尤其以王勃为突出。

王勃被称为是"四杰"之首，历史证明，他是名副其实的。王勃对于文学的看法是继承了儒家的"诗言志"传统的，他也赞成曹丕的文章"经国之大业，不朽之盛事"的观点，所以他认为汉代辞赋、晋代玄风、六朝绮靡是雕虫小技，把它们批评得体无完肤，这在《平台秘略论·艺文三》和《上吏部裴侍郎启》中说得已经很清楚了，前面也已经论述过了，此处不再赘述。针对当时"争构纤微"的上官诗体，王勃和他的诗友们是极其憎恶的，也是不屑一顾的，所以他们怀着变革文风的自觉意识，有着一种十分明确的审美追求：反对纤巧绮靡，追求刚健骨气。

这在杨炯《王子安集序》中可以清晰地看到当时的概况：

尝以龙朔初载，文场变体，争构纤微，竞为雕刻。糅之金玉龙凤，乱之朱紫青黄，影带以徇其功，假对以称其美，骨气都尽，刚健不闻。思革其弊，用光志业。薛令公朝右文宗，托末契而推一变；卢照邻人间才杰，览清规而辍九攻。知音与之矣，知己从之矣。于是鼓舞其心，发泄其用。八纮驰骋于思绪，万代出没于毫端。契将往而必融，防未来而先制。动摇文律，宫商有奔命之劳；沃荡词源，河海无息肩之地。以兹伟鉴，取其雄伯，壮而不虚，刚而能润，雕而不碎，按而弥坚。大则用之以时，小则施之有序。徒纵横以取势，非鼓怒以为资。长风一振，众萌自偃。遂使繁综浅术，无藩篱之固；纷绘小才，失金汤之险。积年绮碎，一朝清廓；翰苑豁如，词林增峻，反诸宏博，君之力焉。

王勃与杨炯、卢照邻、骆宾王、薛元超等人一起"思革其弊，用光志业"，大张旗鼓地反对"上官体"，并得到了文坛的强烈响应，而且取得了卓越成效，"长风一振，众萌自偃。遂使繁综浅术，无藩篱之固；纷绘小才，失金汤之险。积年绮碎，一朝清廓；翰苑豁如，词林增峻，反诸宏博，君之力焉"。此处，杨炯把功劳推给王勃，虽不乏溢美之词，但也不为虚言，王勃在这场运动中确实起了先锋带头的作用，贡献也是最大的。

值得一提的是，王勃等"四杰"的文学理论在很大程度上影响到了之后的陈子昂，陈氏的诗文充满了一种壮伟之情和豪侠之气，提倡风骨和兴寄，努力远追魏晋风骨；此外，他还提出了一种"骨气端翔，音情顿挫，光英朗练"的诗美理想，要求将壮大昂扬的情思与声律和辞采的美结合起来，创造健康而瑰丽的文学。他的《感遇诗》和《登幽州台歌》就是最好的实证。陈子昂的这些理论都是直接或间接地受到了"四杰"尤其是王勃文学理论的影响，对之后唐诗的变革具有关键性的意义。

王勃的诗歌创作，题材包括怀人送别、游赏纪行、羁旅思乡、闺妇思夫以及叙述先祖、描写抱负、感叹昔胜今衰等内容，丰富多彩，内容充实，突破了宫体诗及隋、唐初的应制咏物的狭小范围，将诗歌从狭小的宫廷生活中解放了出来，一反之前的奉和应制与歌颂生平的庙堂文学，扩大了诗歌的题材，反映了更为宽广的社会生活，用闻一多先生《唐诗杂论·四杰》的话说就是他与杨炯使得诗歌尤其是五言律诗"从台阁移至江山与塞漠"。

王勃的诗歌在艺术风格上是郁积着一股感叹命运不公的怨气，抒一己之情，作不平之鸣，感情细腻、纯真，风格带有六朝诗歌的清丽高华但不流于浮艳雕琢，虽偶有旷达雄豪之作，但还是以富丽清新为主。处在诗歌由浮华奢靡向雄健豪壮转型期的王勃，其诗歌还是不由自主地沾上了六朝尤其是齐、梁诗歌的余气，有时风格绮靡繁复，如《采莲曲》《落花落》就带有较强的六朝色彩，尤其是后者，描写过于雕琢，语词浮艳，风格卑弱，格调不高。王世贞《艺苑卮言》卷四说："卢骆王杨号称'四杰'，词旨华靡，固沿陈、隋之遗。"这一点虽然受到了王勃天生秉性、生活经历等方面的感染，但更大程度上是时代使然，而且是成就

大于缺点。明代胡应麟《补唐书骆侍御传》中对此有精彩论述：
"先是，唐起梁、陈衰运后，诗文纤弱委靡，体日益下，宾王首与
勃等一振之。虽未能骤革六朝余习，而诗律精严，文辞雄放，滔
滔混混，横绝无前。唐三百年风雅之盛，以四人者为之前导也。"
杜甫就曾作《戏为六绝句》高度赞赏四人的成就与地位："王杨卢
骆当时体，轻薄为文哂未休。尔曹身与名俱灭，不废江河万古
流。"可以说是对"四杰"尤其是王勃在诗歌发展史上的地位与贡
献作了一个极其中肯的评价。

二、骈文的地位

骈文又称骈体、骈俪、四六，是与散文相对而言的，是魏晋
以来产生的一种文体，它的主要特点是以四六句式为主，讲究对
仗，因句式两两相对，犹如两马并驾齐驱，故被称为骈体。在声
韵上，则讲究运用平仄，韵律和谐；修辞上注重藻饰和用典。从
中国文学发展史上来看，这种文体滥觞于先秦，萌芽于两汉，形
成于魏晋，在六朝达到巅峰。

六朝是骈文的黄金时期，骈文的主要因素如对偶、用典、声
律及藻饰达到了通体完备的阶段，已经完全成熟了。这一时期最
具代表性的人物是徐陵和庾信。《周书·庾信传》中说："时肩吾
（庾信之父）为梁太子中庶子，掌管记。东海徐摛为左卫率。摛子
陵及信，并为抄撰学士。父子在东宫，出入禁闼，恩礼莫与比
隆。既有盛才，文并绮艳，故世号为'徐、庾体'焉。"徐庾并
称，很大程度上是就骈文而言的，骈文发展到徐庾，已经达到了
顶峰，前无古人，后难为继。他们把骈文的对仗、用典、声律、
藻饰等要素巧妙地结合在了一起，将这种文体的艺术形式美发挥

得淋漓尽致。

徐陵的骈文在南朝是一流的，其骈文擅长说理，对仗精工，典故频出，辞藻轻靡绮艳，最突出的代表就是《玉台新咏序》，也最能反映其骈文的体制与风格特征。文章先写了女子的美貌，艳丽无比，接着写其才华出众，心绪细腻，最后叙写自己编写《玉台新咏》一书的缘由与宗旨。整篇序文可以说把骈文的各个方面的艺术都发挥到了无以复加的地步，文辞艳冶精美，灿烂夺目，绮丽非凡，如：

至若宠闻长乐，陈后知而不平；画出天仙，阏氏览而遥妒。至如东邻巧笑，来侍寝于更衣；西子微矉，得横陈于甲帐。陪游馺娑，骋纤腰于结风；长乐鸳鸯，奏新声于度曲。妆鸣蝉之薄鬓，照堕马之垂鬟。反插金钿，横抽宝树。南都石黛，最发双蛾；北地燕脂，偏开两靥。亦有岭上仙童，分丸魏帝；腰中宝凤，授历轩辕。金星与婺女争华，麝月共嫦娥竞爽。惊鸾治袖，时飘韩掾之香；飞燕长裾，宜结陈王之佩。虽非图画，入甘泉而不分；言异神仙，戏阳台而无别。真可谓倾国倾城，无对无双者也。

这段文字可以说是绮错婉媚，妖艳绮靡，文字如串串珍珠一般辉煌夺目，各种色彩交织在一起，仿佛走入了一个装满各种宝物的宫殿一般，琳琅满目，让人目不暇接。而且对仗工整，多次使用典故，读后口齿留香。

庾信的文学创作，尤其是骈文，以他四十二岁时出使西魏并从此流寓北方为界，可以分为前后两期。前期在梁，作品多带有供君王消遣娱乐的性质，思想内容轻浅单薄，轻艳流荡，富于辞采之美。羁留北朝后，诗赋大量抒发了自己怀念故国乡土的情绪以及对身世的伤感，风格也转变为苍劲、悲凉，所以杜甫说："庾信文章老更成，凌云健笔意纵横。"（《戏为六绝句》）其骈文创作也大致如此。前期的骈文题材不外乎花鸟风月、醇酒美人、歌声舞影、闺房器物等，如《鸳鸯赋》写得雕馈满眼，华丽妖艳，脂粉味十足，艺术价值不高；后期流寓北方，思念故国，但又无家可归，"虽位望通显，常有乡关之思"（《周书》本传）。就个人而言，他在异乡心底孤独，常常怀念故乡，泪眼婆娑，最终埋骨他乡，甚是可怜可悲；但就整个文学史而言，正是这种悲苦的经历，使得文学史上又多了一位极其卓越的文学家。他以"乡关之思"发为哀怨之辞，感怀身世，魂牵故国，叹恨羁旅，思想内容丰富，情感深沉而沧桑，笔调劲健苍凉，如《小园赋》《枯树赋》《伤心赋》等作即是如此，但最具代表性的还是"惟以悲哀为主"的《哀江南赋》。赋前有一篇序文，是一篇能独立成章的骈文，交代作赋的缘由，概括全篇大意，语言精丽，意绪苍凉，本身就是一篇杰作。序文加上赋作本身就组成了一篇极其优秀的骈文巨作。作者将家世与国史联系起来，将个人遭遇与民族灾难融汇在一起，概括了梁朝由盛至衰的历史和自身由南至北的经历，感情深挚动人，风格苍凉雄劲，具有史诗般的规模和气魄。如：

　　日暮途远，人间何世？将军一去，大树飘零；壮士不还，寒风萧瑟。荆璧睨柱，受连城而见欺；载书横阶，捧珠盘而不定。钟仪君子，入就南冠之囚；季孙行人，留守西河之馆。申包胥之顿地，碎之以首；蔡威公之泪尽，加之以血。钓台移柳，非玉关

之可望；华亭鹤唳，岂河桥之可闻？

这段文字语词苍凉，字字血泪，感情深沉，对偶工整，典故运用得恰到好处，情绪一波三折，沧桑浑厚。"华实相扶，情文兼至"（《四库全书总目提要》卷一百四十八），杜甫所言"庾信生平最萧瑟，暮年诗赋动江关"（《咏怀古迹》）是也。

历来对徐、庾的骈文成就评价，几乎一致认为庾信高于徐陵，事实上也是如此，如《四库全书总目提要》在吴兆宜《庾开府集笺注》下说道："至信北迁以后，阅历既久，学问弥深，所作皆华实相扶，情文兼至。抽黄对白之中，灏气舒卷，变化自如，则非陵之所能及矣。"究其原因主要是庾信的生活遭遇较徐陵更为丰富、苦楚，他流寓异土，心底伤悲，思念故土，感情苍凉，在文中加入了"乡关之思"与对身世的感伤，发而为词，感人肺腑。

到了隋代，虽然隋文帝等人严令禁止，并不惜以政治手段压制骈文创作，但骈体文还是占据着主流，就连旨在打压骈文创作的李谔《上隋高帝革文华书》都是以骈体写就。由于骈文在徐、庾手中已经达到顶点，所以隋代骈文是平庸、不足称道的。

相比之下，初唐的骈文是受六朝骈文的积极影响多于消极的。但是，以《新唐书·文艺传序》为代表的一些论断都指出六朝余气对"初唐四杰"的消极作用，而对于其积极的一面避而不谈。其实，"四杰"尤其是王勃对六朝骈文的吸取是一分为二、取其精华的，杨炯《王子安集序》说："（勃）尝以龙朔初载，文场变体，争构纤微，竞为雕刻。糅之金玉龙凤，乱之朱紫青黄。影带以徇其功，假对以称其美，骨气都尽，刚健不闻，思革其弊，用光志业。……以兹伟鉴，取其雄伯，壮而不虚，刚而能润，雕而不碎，按而弥坚。"可见，"四杰"在师法六朝骈文的时候是摒弃其弊而不用的，事实上也是如此。

王勃的文章除了《续书序》《黄帝八十一难经序》以散为主之外，几乎都是骈体文，骈文是其文章的主体、核心。细读其文不难看出，王勃的骈文是情文兼胜的，它对仗工整，语言清丽，声律和谐，典故运用也较为自然贴切、生动形象。同时，它是经常从六朝骈文中吸取精华而用的，其他不说，单就《滕王阁序》一文就可窥探一二。这篇序文从遣词造句到格调文意都有六朝骈文的气息，甚至某些语句就是直接化自六朝骈文的，如"腾蛟起凤，孟学士之词宗；紫电青霜，王将军之武库"化自萧明《与王僧辩书》中的"霜戈电戟，无非武库之兵；龙甲犀渠，皆是云台之仗"，名句"落霞与孤鹜齐飞，秋水共长天一色"就化自庾信《马射赋》中的"落花与芝盖同飞，杨柳共春旗一色"。等等。纪昀等曾在《四库全书总目提要·庾开府集笺注》中提到了徐、庾对"四杰"的先导作用："集六朝之大成，而导四杰之先路。"很明显，王勃在写作骈文时是向六朝骈文中汲取养料的。

纵观有唐一代，不仅王勃，其他骈文家如杨炯、卢照邻、骆宾王、陈子昂、张说、苏颋、李白、杜甫，以及晚唐李商隐等人，都或多或少地受到过六朝骈文的影响。

综上可知，王勃在文学史上处在了一个极其关键的承上启下的转折时期，其诗歌、骈文在沾染六朝余气的同时，也带有盛唐时期诗文慷慨激昂、雄壮成熟的气息。王勃及其诗文就像是一朵朵盛开的奇葩，在唐代乃至整个中国古代文学史这个大花园里都具有极其重要的地位。